Christine Volpert

Radtouren am Wasser
BERLIN & UMGEBUNG

25 Touren entlang von Spree,
Havel und Wannsee

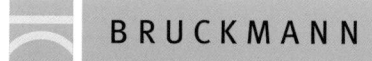

BRUCKMANN

2 Landwehrkanal

Inhalt

9 An der Wuhle

10 Von Heiligensee nach Potsdam

19 Potsdamer Seen

25 Drei-Seen-Radtour

Tourenüberblick

	Tour	🚲	🕐	⛰	🍴	🏛	☀	🚌
1	● Berliner Brücken	19 km	1:15 Std.	80 Hm	●	●		●
2	● Landwehrkanal	19 km	1:30 Std.	90 Hm	●	●		●
3	● Teltowkanalweg	40 km	3 Std.	100 Hm	●	●		●
4	● Dahme-Heideseen	50 km	3 Std.	170 Hm	●		●	●
5	● Um den Müggelsee	25 km	2 Std.	80 Hm	●		●	●
6	● Von Treptow nach Köpenick	14 km	1 Std.	40 Hm	●	●		●
7	● Entlang der Dahme	30 km	3 Std.	110 Hm	●		●	●
8	● Strausberger Seen	21 km	1:20 Std.	70 Hm	●		●	●
9	● An der Wuhle	21 km	1:40 Std.	70 Hm	●	●		●
10	● Von Heiligensee nach Potsdam	39 km	2:30 Std.	150 Hm	●	●		●
11	● Durch Berlin-Spandau	25 km	2 Std.	60 Hm	●	●		●
12	● Wannsee und Teltowkanal	24 km	2 Std.	130 Hm	●	●		●
13	● Durch den Grunewald	15 km	1:10 Std.	120 Hm	●		●	●
14	● Zehlendorfer Seenkette	24 km	2 Std.	130 Hm	●		●	●
15	● Durch den Norden Berlins	19 km	1:50 Std.	60 Hm	●		●	●
16	● Pankeradweg	29 km	2 Std.	110 Hm	●	●		●
17	● Um den Tegeler See	16 km	1 Std.	70 Hm	●	●		●
18	● Seentour um Wandlitz	42 km	4 Std.	250 Hm	●		●	●
19	● Potsdamer Seen	33 km	2 Std.	140 Hm	●	●		●
20	● Spreeradweg	72 km	4:30 Std.	240 Hm	●		●	●
21	● Havelradweg 1	58 km	3:30 Std.	160 Hm	●	●		●
22	● Havelradweg 2	65 km	4 Std.	700 Hm	●	●		●
23	● Oder-Havel-Radweg	77 km	4:30 Std.	260 Hm	●		●	●
24	● Durchs Löcknitztal	51 km	3:30 Std.	210 Hm	●		●	●
25	● Drei-Seen-Radtour	50 km	4:30 Std.	220 Hm	●		●	●

Das Ufer des Landwehrkanals lädt
häufig zu einer Rast ein. (Tour 2)

Vorwort

Ich liebe Berlin am Wasser. Es beruhigt mich immer wieder und ist doch jedes Mal anders. Vom Landwehrkanal im quirligen Kreuzberg zum gemütlichen Müggelsee bis zum vielleicht weniger bekannten Nordgraben in Reinickendorf bietet Berlin viele Möglichkeiten, am Wasser entlangzuradeln.

Dieses Buch ist ein Versuch, die schönsten Radtouren am Wasser in Berlin zusammenzufassen. Dabei finden Sie natürlich die Klassiker wie Havel- und Spreeradweg, aber auch Geheimtipps wie Wuhle oder Löcknitztal.

Neben den schönen Ausblicken hat Radfahren in Berlin noch viele weitere Vorteile. Die Stadt ist sehr flach, sodass für die Touren nicht allzu großer sportlicher Ehrgeiz erforderlich ist. Dazu gibt es zahlreiche Restaurants und Cafés entlang der Routen. Sie brauchen also keinen Proviant und Getränke in rauen Mengen mitnehmen. Ein Picknick an Müggel- oder Hermsdorfer See ist aber dennoch eine tolle Idee. Sollte man doch mal einen Platten oder eine Panne haben, finden sich in der Stadt häufig andere Radler mit einer Luftpumpe, und der nächste Fahrradladen ist meistens auch nicht weit.

Oben: Ein Klassiker ist die Radtour entlang des Landwehrkanals. (Tour 2)
Links: An der Havel (Tour 22)

Viele Radtouren durch die Innenstadt sind bewusst kürzer gehalten, damit noch ausreichend Zeit bleibt, einige Kieze genauer zu erkunden, die Wahrzeichen oder Museen der Stadt zu besuchen, im See baden zu gehen oder einfach in einem netten Café eine Pause einzulegen.

Daher finden Sie neben den Tourenbeschreibungen auch immer Tipps zur Einkehr oder zu Sehenswürdigkeiten entlang der Route.

Ich hoffe, dass Sie bei Ihren Radtouren am Wasser in Berlin genauso viel Spaß haben, wie ich es hatte.

Dazu wünsche ich Ihnen allzeit genügend Luft in den Reifen und viel Freude beim Nachradeln!

Christine Volpert

Wissenswertes

Berlin ist eine der wasserreichsten Städte Deutschlands. Drei Flüsse, acht Kanäle und 50 Seen verteilen sich über das gesamte Stadtgebiet. Die Spree mit ihren 35 Kilometern Länge durchzieht wie eine Hauptschlagader die Stadt. Berlin ist wahrlich eine Wasserstadt. Und mit über 1000 Brücken hat Berlin davon auch noch mehr als Venedig. Wasser ist quasi überall. Die Stadt wurde nicht nur am Ufer gegründet, sie lebt bis heute am und mit dem Wasser und entwickelt sich dort weiter. Ganze sieben Prozent des Stadtgebiets von Berlin sind Wasserfläche.

Die Touren in diesem Buch sind auf möglichst viele unterschiedliche Gewässerarten aufgeteilt. Dabei ist für jeden etwas dabei: Die Bandbreite reicht von der entspannten Familientour mit Baden am Müggelsee bis zur anspruchsvolleren Tagestour ins Berliner Umland.

Alle Radtouren in diesem Buch beginnen und enden an einem Bahnhof, sodass eine reibungslose An- und Abreise gewährleistet ist. Einige sind auch als Rundtouren angelegt.

Segelboote dümpeln friedlich im Hafen von Grünau (Tour 7).

Bei populären Touren wie dem Müggelsee oder entlang der Havel sollten Sie sich gerade an warmen Sommerwochenenden auf viele Ausflügler und andere Radfahrer einstellen. Das ist aber auch ein gutes Zeichen, denn es bedeutet, dass die Touren sehr viele herrliche Aussichten bieten.

Ausrüstung

Ich fahre sowohl in Berlin als auch im Umland mit meinem normalen Citybike. Aufgrund der flachen Gebiete und gut ausgebauten Wege ist kein Mountain- oder Trekkingrad vonnöten, kann aber selbstverständlich auch genutzt werden. Ein Rennrad eignet sich nur auf den asphaltierten Wegen in der Innenstadt.

Ich persönlich trage keinen Fahrradhelm, das kann aber jeder für sich selbst entscheiden. Die Bekleidung ist vom Wetter abhängig und gerade in Berlin kann dieses schnell umschwenken. Daher empfiehlt es sich, stets eine dünne Regenjacke mitzunehmen, die schützt im Zweifel auch vor übermäßigem Wind. Alternativ kann man einen Regenschauer aufgrund der Citylage immer in einem nahe gelegenen Café oder Restaurant aussitzen.

An vielen Seen und Flüssen kann man auf einer Radtour baden und schwimmen. Badesachen, Picknickdecke und Handtuch sollten daher in der Fahrradtasche nicht fehlen.

Apropos Fahrradtasche: Auch wenn ich keine mehrtägige Fahr-

Auf gut ausgebauten Radwegen entlang des Schwielowsees (Tour 19)

radtour mache, radle ich persönlich immer gern mit einer Fahrradtasche. Man hat den Rücken frei und kann bequem fahren. Dazu passt in die meisten Taschen doch etwas mehr als in einen kleinen Rucksack.

Cafés und Restaurants gibt es in Berlin natürlich an jeder Ecke. Dazu auch zahlreiche Angebote für Vegetarier und Veganer. Verhungern muss auf einer Radtour in Berlin daher niemand. Nehmen Sie aber dennoch ausreichend Wasser oder zuckerarme Getränke mit.

Auch wenn im Stadtgebiet sehr viele Fahrradläden zu finden sind, die im Falle einer Panne aushelfen können, empfiehlt es sich, immer eine Luftpumpe und ein Pannenspray mitzunehmen.

Dazu können bei Bedarf Sonnencreme, Kamera, Sonnenbrille und Landkarten eingesteckt werden.

Informationen

Trotz intensiver Recherche für die Tourenangaben, sollten diese nur als Richtlinien gewertet werden. Abstecher zu Besichtigungen, Einkehrmöglichkeiten, Fährüberfahrten oder Badestopps wurden bei den Zeitangaben nicht mit berücksichtigt. Bei den Zeitangaben bin ich von einer gemütlichen Geschwindigkeit

Viel Natur am Teltowkanal (Tour 3)

von circa zehn Stundenkilometern ausgegangen. Bei flachen Citystrecken kommt man so natürlich schneller voran, bei Steigungen entsprechend langsamer.

Bitte beachten Sie, dass sich Ruhetage von Restaurants, Fährzeiten oder Öffnungszeiten von Sehenswürdigkeiten ändern können. Genaue Angaben sollten vor der Radtour im Internet recherchiert werden.

Das Kartenmaterial in diesem Buch genügt. Sie müssen keine zusätzlichen Karten mitnehmen. Separate Radkarten können jedoch für Radler interessant sein, die die Touren verlängern oder verändern möchten.

Einige der Touren sind bestens für Familien mit Kindern geeignet, die sicher Fahrrad fahren können. Diese sind dann eher kurz gehalten und führen über sehr verkehrsarme Nebenstraßen. Ein Spielplatz entlang der Strecke findet sich ebenfalls meistens.

Und nun viel Spaß beim Radeln!

An der Schleuse Kleinmachnow (Tour 3)

13

Die Spree ist die Hauptschlagader der Stadt. (Tour 1)

Durch das Zentrum
der Stadt

1 Berliner Brücken

Mehr Brücken als in Venedig

Leicht   19 km   ↑80 m ↓80 m   1:15 Std.

Tourencharakter
Leichte Radtour durch die Stadt vorbei an zahlreichen Sehenswürdigkeiten. Die Wege sind meist gut befestigt, wenige Sandwege.

Ausgangs-/Endpunkt
S-Bahnhof Westend
S-Bahnhof Treptower Park

Anfahrt
Bus/Bahn: Anreise S41 und S42 bis S-Bahnhof Westend. Rückreise S8, S9, S41, S42 und S85 ab S-Bahnhof Treptower Park.

Einkehr
Auf dieser Tour finden sich zahlreiche Möglichkeiten zur Einkehr. Besonders schön ist der Biergarten Zollpackhof auf der nördlichen Spreeseite nahe dem Hauptbahnhof. Unter den riesigen Kastanienbäumen hat man eine tolle Aussicht auf den Fluss. Auch empfehlenswert ist das Museumscafé im Bode-Museum, welches mit einem Blick auf die imposante Kuppelhalle belohnt.

Karte
Verlag Pharus-Plan Rolf Bernstengel 1:16 000, Berlin Mittlere Ausgabe

Information
visitBerlin,
Tel. 030/25 00 23 33,
www.visitberlin.de

In Berlin gibt es über 1000 Brücken – und somit über doppelt so viele wie in Venedig. Diese Radtour führt entlang der Brücken der Berliner Innenstadt von Charlottenburg bis nach Treptow.

Die Radtour beginnt am **Ⓐ S-Bahnhof Westend**. Entlang des Spandauer Damms kann man auf der linken Seite schon das **❶ Schloss Charlottenburg** bewundern. Wer möchte, kann hier noch einen Abstecher machen und Schloss samt Schlossgarten besuchen. Am Luisenplatz fährt man zum Charlottenburger Ufer.

Am südlichen Ufer der Spree führt die Tour nun auf einem Sandweg entlang. An der Galvanistraße über die Dovebrücke. Nach rund 200 Metern läuft von links ein Fußweg herein, der am Ende wieder auf die Spree zuführt. Hier fährt man einmal um

die Halbinsel herum bis zur Gotzkowskybrücke. Entlang der Lewetzkostraße radelt man direkt zum berühmten ❷ **Hansaviertel**. Dieses Wohnviertel gilt als Beispiel moderner Architektur der 1960er-Jahre.

Hinter der Brücke nach links wenden. Ab hier fährt man auf einem gut ausgebauten Radweg direkt am Spreeufer entlang. Zunächst führt dieser durch den Tiergarten mit Ausblick auf das ❸ **Haus der Kulturen der Welt** und das Kanzleramt. Gegenüber auf der anderen Spreeseite befindet sich der schöne Biergarten ❹ **Zollpackhof**. Vorbei am Hauptbahnhof geht es Richtung S-Bahn Friedrichstraße und weiter zur Museumsinsel.

Am ❺ **Bode-Museum** radelt man über die Monbijoubrücke in den gleichnamigen Park. Geheimtipp: Das Café im Museum kann man ohne Eintritt besuchen. Bei Kaffee und Kuchen lässt sich die schöne Kuppelhalle bewundern.

Am Märkischen Ufer ankern Hausboote und umgebaute Lastenkähne.

Linke Seite: Im Sommer kann man entlang der Spree wunderbar Boote und Yachten beobachten.

Zollpackhof Biergarten

Direkt an der Spree in der Nähe der Moltkebrücke gelegen. Im Sommer kann man unter den Kastanienbäumen sitzen und das Treiben auf der Spree beobachten.

An der East Side Gallery lohnt es sich, vom Fahrrad abzusteigen und entlang zu spazieren.

Auf der neuen Friedrichsbrücke hat man einen tollen Ausblick auf die Museumsinsel und den Berliner Dom. An Letzterem führt die Radtour auch vorbei. Am Schlossplatz muss man sein Fahrrad schieben. Zunächst über die Ampel, dann über die schöne Schlossbrücke mit den weißen Skulpturen. Dahinter direkt links auf den neu angelegten Schinkelplatz. Ab hier kann man wieder aufs Fahrrad steigen.

An der nächsten Brücke wechselt man dann auf die andere Uferseite und fährt weiter zur wunderschönen ❻ **Jungfernbrücke**, der ältesten, noch erhaltenen Brücke in Berlin. Zudem ist sie auch die letzte noch erhaltene Klappbrücke der Stadt.

Immer weiter geradeaus vorbei am Spittelmarkt zur Fischerinsel. Entlang der Spree stehen hier wunderschöne Altbauten,

sodass Berlin sich ein weiteres Mal von einer anderen Seite zeigt. An der Spitze der Spreeinsel geht es über die Brücke, dahinter gleich links entlang des Märkischen Ufers. Hier liegen noch einige Lastenkähne vor Anker. Einige wurden zu Restaurants oder Hausbooten umgebaut.

Von der Oberbaumbrücke hat man einen grandiosen Ausblick.

Vorbei am ❼ **Märkischen Museum** radelt man über die Jannowitzbrücke. Nach dem Bahnhof rechts auf die Holzmarktstraße. Hinter der Bahnunterführung befindet sich rechts das Gelände des ❽ **Holzmarktes**. Eine Art Künstlergelände mit verschiedenen Geschäften, Musikschule, Proberäumen, Technologiezentrum, Open-Air-Bar und Kulturprogramm. Die bunten Häuser entlang der Straße sind nicht zu verfehlen.

Märkisches Museum

In dem schönen Gebäude mit markantem Backsteinturm an der Spree wird ein vielfältiger Einblick in Kultur, Geschichte und Alltag von Berlin gewährt. In der Dauerausstellung kann man Berliner Straßen und Viertel erkunden und sehen, wie sich Berlin im Laufe der Jahrhunderte entwickelt hat.

Ein Stück weiter landet man geradewegs an der berühmte East Side Gallery. Über die Oberbaumbrücke Richtung Schlesische Straße fahren. Hinter der Tankstelle links abbiegen auf das ❾ **Arena-Gelände**. Das ehemalige Gelände der Allgemeinen Berliner Omnibus AG ist heute eine Event-Location mit Badeschiff, Bars und Restaurants.

Die Radtour führt einmal durch das Gelände. An der Eichenstraße links zur Uferpromenade. Hier hat man einen tollen Blick auf den Molecule Man sowie das Schiffswrack »Dr. Ingrid Wengler«. Die Tour endet am Ⓔ **S-Bahnhof Treptower Park**.

Der Landwehrkanal ist ein beliebter Treffpunkt. (Tour 2)

2 Landwehrkanal

Einmal quer durch die Stadt

Leicht — 19 km — ↑90 m ↓60 m — 1:30 Std.

Tourencharakter

Sehr leichte Radtour, welche die meiste Zeit auf Sandwegen direkt am Kanal verläuft oder entlang gut ausgebauter Straßen führt. Durch die Nähe zum Landwehrkanal fällt die Navigation sehr leicht.

Ausgangs-/Endpunkt

U-Bahnhof Schlesisches Tor, Heckmannufer
S-Bahnhof Olympiastadion

Anfahrt

Bus/Bahn: Anreise U1 bis U-Bahnhof Schlesisches Tor. Rückreise S3, S5, S7 und S75 ab S-Bahnhof Olympiastadion.

Einkehr

Von Kreuzberg bis zum Schloss Charlottenburg gibt es zahlreiche Restaurants und Cafés direkt am Ufer. Die Ankerklause am Kottbusser Damm ist legendär. Im Van Loon Restaurantschiff kann man gemütlich sitzen und bei Gerichten mit maritimem Touch auf den Urbanhafen schauen.

Karte

KOMPASS Band 700
1:50 000, Berlin und Umgebung

Information

visitBerlin,
Tel. 030/25 00 23 33,
www.visitberlin.de

Diese Tour ist sehr abwechslungsreich, da man durch die unterschiedlichen Bezirke Berlins fährt. Man radelt vom hippen Kreuzberg über den grünen Tiergarten bis zum mondänen Charlottenburg.

Die Tour startet an der Verbindung von Landwehrkanal und Spree an der Köpenicker Straße in Kreuzberg am **Ⓐ Heckmannufer**. An der Lohmühleninsel geht es zum Görlitzer Ufer zum gleichnamigen Park. Der Görli passt perfekt zu Berlin, hier ist für jeden etwas dabei: Familien besuchen den Kinderbauernhof, Hipster relaxen in der Sonne und Rentner gehen mit ihren Hunden spazieren.

Hinter der Kurve geht es weiter zum Paul-Lincke-Ufer. An der Glogauer Straße lohnt sich ein Abstecher zum **❶ Martha-Pfarramt**. Auf der gegenüberliegenden Seite am Maybachufer findet am Dienstag, am Freitag und an Wochenenden ein **❷ Wochenmarkt** statt.

Weiter Richtung Kottbusser Damm. Hier an der Ecke liegt die legendäre Kneipe **❸ Ankerklause**. Sie ist längst kein Geheimtipp mehr und bei Touristen und Berlinern sehr beliebt. Man radelt geradeaus Richtung Böcklerpark. Auf der anderen Seite des Urbanhafens befindet sich das **❹ Restaurantschiff Van Loon** mit tollem Ausblick und gemütlicher Atmosphäre.

Am Halleschen Tor geht es auf die Gitschiner Straße. Man kann hier fast immer unter der Bahntrasse entlangfahren. Immer geradeaus und weiter entlang des Reichpietschufers.

An der Klingelhöfer Straße schräg geradeaus auf die Corneliusstraße und geradewegs zum Tiergarten. Hier kann man einen Blick auf Tiere des angrenzenden Zoos werfen. An der Lichtensteinbrücke kann man nach rechts radeln zum idyllischen **❺ Café am Neuen See**. Man fährt weiter über die Straße des 17. Junis auf das Einsteinufer. Auf Sandwegen führt dieser Weg direkt zum **❻ Schloss Charlottenburg**. Die Radtour verläuft durch den schönen Schlossgarten. Auf der Brücke gegenüber dem Schloss

hat man einen traumhaften Ausblick. Hinter dem Schlossgarten mündet der Landwehrkanal auch wieder in die Spree. Es empfiehlt sich jedoch, noch ein Stück entlang der Spree zu radeln. Auf Sandwegen fährt man hier vorbei an Schrebergärten.

Am Wiesendamm geht es nach links zum Spandauer Damm. Hier biegt man rechts ab und die nächste gleich wieder links auf die Rominter Allee. Diese führt dann vorbei am **E Olympiastadion** zum gleichnamigen S-Bahnhof. Von hier kann man die Rückreise antreten.

Am Landwehrkanal in Kreuzberg kann man fast die ganze Zeit direkt am Wasser entlang radeln.

Kirchhof des Martha-Pfarramtes

An der Glogauer Straße lohnt sich ein Abstecher zur Hausnummer 22. Hier befindet sich der traumhafte Kirchhof des Martha Pfarramtes im Stil der deutschen Renaissance. Von der Straße aus ist der Bau eher unscheinbar. Die Kirche mit prächtiger Backsteinfassade steht versteckt auf dem Hinterhof. Ein Muss für Architekturfans.

3 Teltowkanalweg
Von Wannsee nach Adlershof

Mittel | 40 km | ↑90 m ↓100 m | 3 Std.

Tourencharakter
Auf Radwegen und Neben-
strecken geht es fast immer
entlang des Teltowkanals. Die
Wege sind sowohl befestigt als
auch Sand- und Feldwege.

Ausgangs-/Endpunkt
S-Bahnhof Griebnitzsee
S-Bahnhof Adlershof

Anfahrt
Bus/Bahn: Anreise S1 bis
S-Bahnhof Griebnitzsee. Rück-
reise S8, S9, S45, S46 und
S85 ab S-Bahnhof Adlershof.

Einkehr
Direkt am Ufer des Teltowkanals gibt es nur wenige
Möglichkeiten zur Einkehr. Da
der Weg jedoch größtenteils
durchs Stadtgebiet führt, gibt
es einige Gelegenheiten,
wenn man leicht von der Tour
abweicht. Hier sei die Bergterrasse Marienhöhe empfohlen.

Karte
KOMPASS Band 700
1:50 000, Berlin und Umgebung

Information
visitBerlin,
Tel. 030/25 00 23 33,
www.visitberlin.de

Der Name Teltowkanalweg ist Programm. Man verlässt zwischen Griebnitzsee und Dahme nur selten das Ufer des Kanals. Eine schöne Radtour, die auch für Familien geeignet ist.

Start der Route ist der **Ⓐ S-Bahnhof Griebnitzsee**. Man biegt rechts in die Rudolf-Breitscheid-Straße ein. Hinter der Brücke links halten auf den eigentlichen **Teltowkanalweg**. Diesem folgt man in östlicher Richtung.

Von hier aus geht es immer geradeaus. Nach der zweiten Brücke macht der Weg einen kleinen Knick. An der Kreuzung zum Bä-kehang geht es leicht links weiter. Der Weg führt hier wieder am Ufer entlang.

Unter der A 115 entlang bis zur **❶ Schleuse Kleinmachnow** und dort nach links auf den Stahnsdorfer Damm. An der Straße Im Hochwald rechts abbiegen und an der T-Kreuzung erneut nach rechts wenden. Danach gleich links zur **❷ Neuen Hakeburg**. Vor der Burg biegt man rechts ab zurück zum Ufer, dann links.

Erneut immer geradeaus. Nach dem Hotel links auf den Erlen-weg einbiegen. Hinter der Klinik Kleinmachnow rechts vorbei am Klinikgelände, bis zum Ende und dann erneut nach rechts in die Sachtlebenstraße.

Geradeaus über eine Brücke am Zehlendorfer Stichkanal und weiter geradeaus. Hinter der Krahmerstraße befindet sich auf der linken Seite das Naturschutzgebiet **❸ Schlosspark Lichter-felde** samt Gutshaus.

Weiter am Ufer entlang vorbei am **❹ Stadtpark Steglitz** und an der Straße Am Eichgarten rechts einbiegen. Auf dem Edenkobe-ner Steg hat man einen tollen Ausblick auf den Kanal.

Dahinter muss man sein Fahrrad eine Treppe hinuntertragen. Nach den Bahngleisen geht es links weiter. Auf dem Maulbronner Ufer weiter bis zum Wulfilaufer. Abstecher-Tipp: An der Gersdor-fer Straße nach links zum Park Marienhöhe samt **❺ Bergterrasse** mit Ausblick. Am Tempelhofer Damm nach links schwenken und

hinter dem **6 Tempelhofer Hafen** gleich rechts in die Ordens-
meisterstraße. An der Gottlieb-Dunkel-Straße nach links und danach gleich rechts abbiegen auf den Tempelhofer Weg.

Nach der Brücke links auf das
Braunschweiger Ufer fahren. An
der Neuen Späthstraße überquert
man den Kanal und radelt auf
der anderen Uferseite weiter. Dieser Weg ist auch Teil des Berliner
Mauerradweges. Geradewegs bis
zum Adlergestell und dann nach
links zum **E S-Bahnhof Adlershof**.

An der Schleuse Kleinmachnow

Bergterasse Marienhöhe

Noch ein Geheimtipp unter den Berliner Biergärten.
Das Gartenlokal besteht bereits seit den 50er
Jahren und bietet zünftige, deutsche Speisen und
selbstgebackenen Kuchen.

Neu-Venedig macht seinem
Namen alle Ehre. (Tour 5)

Von der Wuhle-Quelle bis zur Dahme

4 Dahme-Heideseen

Auf den Spuren der Eiszeit

Schwer   50 km   ↑170 m ↓170 m   3 Std.

Tourencharakter

Ein bunter Mix aus asphaltierten Radwegen und Straßen sowie unbefestigten Wanderwegen. Beim Durchfahren einiger Orte fährt man teilweise auf Kopfsteinpflaster. Daher ist die Radtour eher für geübte Radler geeignet.

Ausgangs-/Endpunkt

Bahnhof Königs Wusterhausen

Anfahrt

Auto: Über die A 10, Ausfahrt Königs Wusterhausen. Der Beschilderung folgen. An der Chausseestraße nach links. Bus/Bahn: S46 oder Regionalverkehr bis/ab Bahnhof Königs Wusterhausen.

Einkehr

Unterwegs gibt es in den kleinen Dörfern einige Einkehrmöglichkeiten, besonders Fischrestaurants. Dolgenbrodt: Restaurant Fährhaus mit schönem Biergarten. Groß Köris: Restaurant Klabautermann in einem Schiff auf dem Schulzensee.

Karte

Verlag Dr. Barthel 1:35 000, Naturpark Dahme-Heideseen

Information

Naturpark Dahme-Heideseen, Tel. 033768/96 90, www. dahme-heideseen-naturpark.de

---

Diese Radtour führt neben dem schönen Naturpark auch durch historische Ortskerne, idyllische Dorfanger und ausgedehnte Waldgebiete. Vorbei an Seen, Quellen und Mooren geht es durch das Dahmeland.

Ausgangpunkt ist der **Ⓐ Bahnhof Königs Wusterhausen**. Vom Bahnhofsgebäude wendet man sich nach rechts auf die Storkower Straße. Am Kreisverkehr erneut rechts einbiegen und die Bahngleise unterqueren. Am Kirchsteig links auf den Radweg einbiegen. Bis zum Ende der Straße, dann nach links auf die Tiergartenstraße und über die Dahme radeln. Ab hier kann man der Beschilderung des Dahme-Radweges folgen. Hinter der Schleuse Neue Mühle geht es rechts in die Zernsdorfer Straße und dann gleich wieder rechts in die Küchenmeisterallee.

Vorbei am **❶ Strandbad Neue Mühle** bis zum Ende und dann

nach rechts auf den Radweg nach Zernsdorf abbiegen. In Zernsdorf befindet sich das zünftige ❷ **Restaurant Zum Bayern**. Vor den Bahnschienen rechts auf die Kablower Chaussee. Über die Brücke weiter durch Kablow. An der Kreuzung zur Lindenstraße rechts abbiegen und dann gleich wieder links auf eine asphaltierte Fahrradstraße. Immer geradeaus bis zur Bindower Dorfstraße, hier rechts schwenken nach Bindow. An der Rechtskurve nach links in die Straße Grüne Trift nach Bindow-Süd. Am Anfang der Siedlung gleich nach links in die Geschwister-Scholl-Straße. Diese Straße führt vorbei am Ziestsee samt ❸ **Badestelle** geradewegs bis nach Dolgenbrodt. Hungrige Radler können im ❹ **Restaurant Fährhaus** einkehren.

In Brandenburg wird man immer wieder von traumhafter Kirchen-architektur überrascht.

Biogarten Prieros

Zu sehen sind Biotope des Naturparks wie Moore, Streu-obstwiesen und Heide im Kleinformat. Auch ein Apothe-ker- und Kräutergarten sowie alte Getreidesorten wachsen hier. Für Interessierte werden regelmäßig Führungen, Kurse und Informationsveranstaltungen angeboten. Eintritt Erwachsene 3 Euro, Kinder 1 Euro, Familien 6 Euro.

An der Dorfaue nach rechts und dann wieder rechts auf den Wiesenweg. Weiter über die Brücke, beim Waldanfang links abbiegen. Nach dem Friedhof ebenfalls nach links und an den nächsten zwei Kreuzungen rechts einbiegen. Diese Straße führt nach Prieros. In Prieros lohnt sich ein Schlenker zum alten **5** **Dorfanger** und zum **6** **Biogarten**.

An der Bundesstraße verlässt man nun den offiziellen Dahme-Radweg. Hier geht es nach rechts und gleich wieder links in ein Waldgebiet. Nach 1,4 Kilometern links abbiegen und nach weiteren zwei Kilometern nach rechts auf eine asphaltierte Straße.

Linker Hand befindet sich das Naturschutzgebiet Dubrow, welches bereits bei Fontanes »Wanderungen durch die Mark Brandenburg« Erwähnung fand.

Bald erreicht man das Forsthaus Dubrow, hier nach links schwenken. Weiter bis zur nächsten Kreuzung und dann links auf den Kiesweg einbiegen. An der Lübbener Chaussee erneut nach links wenden. Nach einem Kilometer geht es rechts in die Straße Zum Klein Köriser See. An der T-Kreuzung dann rechts. Man folgt der Straße durch einen schönen Kiefernwald.

Fisch aus der Region

Das Restaurant Fährhaus in Dolgenbrodt bietet eine umfangreiche Fischkarte. Dazu werden Suppen, Salate und Fleischgerichte serviert. Im Biergarten hat man einen tollen Ausblick auf die Dahme.

Badesachen nicht vergessen!

Idylle pur am Rieploser Fließ

Man erreicht Groß Köris. Von der Pätzer Straße im spitzen Winkel auf die Motzener Straße wechseln. Immer geradeaus vorbei am Großen Roßkardtsee und dem Güldensee. Hinter den Bahngleisen gleich rechts radeln Richtung Königs Wusterhausen. Diesem Weg folgen bis zur Hauptstraße. Hier rechts schwenken. Nach 600 Metern führt links ein Waldweg hinein. Hier dann gleich wieder links entlang des Sutschketal-Rundweges.

An der Kreuzung zur Hauptstraße nach rechts abbiegen. Vorbei an der Badestelle Krummer See. Vor den Bahngleisen nach rechts auf den Hofjagdweg. An der Forststraße über die Bahngleise hinweg auf den Radweg auf der anderen Straßenseite. Rechts abbiegen und immer geradeaus.

An der Wiesenstraße nach links radeln und hinter dem Kaufland rechts halten. Über die Zugbrücke über den Nottekanal und danach rechts. Geradewegs zum ❼ **Schloss Königs Wusterhausen.** Über den Schlossplatz und die Gerichtsstraße geht es zurück zum ⓔ **Bahnhof Königs Wusterhausen.**

5 Um den Müggelsee

Venedig mitten in Berlin

Leicht   25 km   ↑80 m ↓80 m   2 Std.

Tourencharakter
Aussichtsreiche Rundtour über flaches Gelände mit zahlreichen Möglichkeiten zum Baden oder Picknicken. Größtenteils asphaltierte Wege oder Feldwege, viel Schatten.

Ausgangs-/Endpunkt
S-Bahnhof Friedrichshagen

Anfahrt
Auto: Über die B 1 bis Dahlwitz, weiter auf der Friedrichshagener Chaussee. Die Straße führt direkt zum Bahnhof.
Bus/Bahn: S3 und Regionalverkehr bis/ab Bahnhof Erkner.

Einkehr
Direkt am Müggelsee gibt es lediglich das Restaurant Neu Helgoland und das Ausflugslokal Rübezahl auf der Südseite des Sees. Ideal für diese Tour ist jedoch ein gut gefüllter Picknickkorb, denn es gibt jede Menge schöne Rastplätze entlang des Ufers.

Karte
Verlag Dr. Barthel 1:35 000, Müggelsee und Umgebung

Information
Touristinformation Berlin Treptow-Köpenick, Tel. 030/655 75 50, www.tkt-berlin.de

Der Große Müggelsee ist mit 7,7 Quadratkilometern und einer Uferlinie von fast 15 Kilometern der größte See in Berlin. Von Friedrichshagen führt die Radtour durch Neu-Venedig und weiter entlang des Europaradweges R1 durch den Müggelheimer Forst.

Es geht los am **Ⓐ S-Bahnhof Friedrichshagen**. Vom Bahnhofsgebäude geht es rechts in die **❶ Bölschestraße**. Friedrichshagen und vor allem die Bölschestraße sind sehr beschaulich. Schöne Altbauten säumen die Straße und mit Metzgerei, Cafés, Buchhandlung und Kiezbäcker gibt es hier noch eine florierende Ladenkultur.

Immer geradeaus bis zum Müggelseedamm. Dort nach links abbiegen. Die Tour führt hier zunächst ein Stück an der Straße entlang.

Kurz vor dem Berliner Stadtforst gibt es einen Feldweg auf der rechten Seite. Dieser Teil der Strecke ist etwas holprig, dafür radelt man im Grünen. Am ❷ **Strandbad Müggelsee**, welches bereits seit 1912 Badegäste aus Berlin und Umgebung empfängt, endet der Feldweg und man fährt weiter entlang des Fürstenwalder Damms.

Durch den Berliner Stadtforst radelt man wunderbar im Grünen.

Hinter dem Strandbad geht rechts ein Wanderweg hinein, der zum Müggeleck führt. Ein wunderbarer Ort mit tollem Blick auf den See.

Ein Stück zurück entlang des kleinen Bachs. Über eine kleine Brücke, über die man sein Fahrrad leider tragen muss, gelangt man nach Neu-Venedig, dessen Wege so schöne Namen tragen

Ruderfähre F24 in Rahnsdorf

In Rahnsdorf gibt es die kleinste Fähre Berlins mit dem Namen »Paule III«. Fährmann Ronald Kebelmann bringt Ausflügler mit nur zwölf Ruderschlägen an Wochenenden (Mai–Okt.) von Rahnsdorf nach Müggelheim. Acht Personen passen an Bord sowie bis zu drei Fahrräder. Fährzeiten: 11–19 Uhr. Es gelten BVG-Tickets und -Abos.

Der Europaradweg ist sehr gut ausgebaut.

wie Lachsfang, Hechtstraße oder Quappenzeile. Man fährt über die Brückenstraße und weiter auf der Wiesenstraße. Am Lachsfang rechts und geradeaus auf die Dorfstraße. Man gelangt nach Rahnsdorf, wo es Berlins einzige ❸ **Ruderfähre** gibt. Weiter auf der Straße 546 und der Dora-Mendler-Straße, am Schleiengang links und jeweils rechts an Plutoweg und Rialtoring. So schlängelt sich die Tour durch das schöne ❹ **Neu-Venedig**. Es fällt schwer zu glauben, dass man noch in Berlin ist. Am Ende geht es über die Triglawbrücke. Ab hier kann man der Beschilderung des ❺ **Europaradweges R1** folgen. Die Strecke ist in weiten Teilen asphaltiert.

Vorbei am kleinen Müggelsee, dann rechts zum Wanderweg am Ufer des Großen Müggelsees. Im Sommer kann man an den kleinen Buchten überall ins Wasser springen oder picknicken. Die großen Bäume entlang des Ufers spenden Schatten. Die Radtour führt immer entlang des Müggelsees, vorbei am **❻ Restaurant Rübezahl** bis zum Spreetunnel und wieder über die **Bölschestraße** zum **Ⓔ S-Bahnhof Friedrichshagen**.

Am Restaurant Rübezahl mit Fähranleger kann man bei einer Pause das Treiben beobachten.

Restaurant Rübezahl

Das Restaurant Rübezahl mit Biergarten liegt am Müggelsee und bietet einen tollen Ausblick auf den See. Im Sommer gibt es auch einen Bootsverleih.

6 Von Treptow nach Köpenick

Immer entlang der Spree

Leicht | 14 km | ↑40 m ↓40 m | 1 Std.

Tourencharakter
Diese Route ist fast durchgehend autofrei. Sie verläuft sowohl auf asphaltierten als auch auf unbefestigten Wegen.

Ausgangs-/Endpunkt
S-Bahnhof Treptower Park
S-Bahnhof Köpenick

Anfahrt
Bus/Bahn: Anreise S8, S9, S41, S42 und S85 bis S-Bahnhof Treptower Park. Rückreise S3 ab S-Bahnhof Köpenick.

Einkehr
Direkt entlang der Route gibt es nur das Klipper Schiffsrestaurant im Treptower Park oder den Biergarten auf der Insel der Jugend. Erst zum Ende der Tour in Köpenick gibt es weitere Restaurants und Cafés.

Karte
Verlag Pharus-Plan Rolf Bernstengel 1:17 500, Treptow-Köpenick

Information
Touristinformation Berlin Treptow-Köpenick, Tel. 030/655 75 50/ 51, www.tkt-berlin.de

An lauen Sommerabenden genießen im Treptower Park sowohl Berliner als auch Touristen das schöne Wetter. Es wird gegrillt, relaxt und auf das Leben angestoßen. Daher eignet sich diese Tour sehr gut, um sie mit einem Picknick zu verbinden.

Die Tour beginnt am **Ⓐ S-Bahnhof Treptower Park**. Aus dem Bahnhofsgebäude geht es Richtung Uferpromenade. Vorbei am Kassenhäuschen der Stern- und Kreisschifffahrt. Von hier starten zahlreiche Schiffstouren, die übrigens auch für Berliner sehr zu empfehlen sind. Entlang des Spreeufers führt hier ein asphaltierter Weg entlang. Im Sommer sind hier allerdings zahlreiche Ausflügler und Spaziergänger anzutreffen, sodass man sein Fahrrad eventuell schieben muss. Immer geradeaus, vorbei am ehemaligen traditionsreichen **Gasthaus Zenner**. Gegenüber befindet

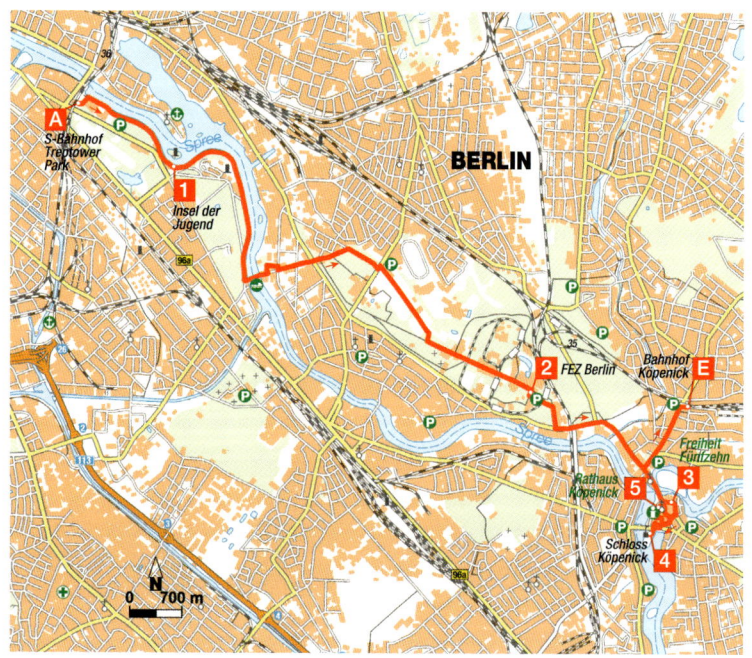

36

sich die ❶ **Insel der Jugend**. Ein Abstecher über die schöne Abteibrücke ohne Fahrrad ist empfehlenswert.

Im Sommer kann man sich auch in einem der zahlreichen Bootsverleihe Tretboote, Ruderboote oder Kajaks ausleihen. Die Tour führt weiter, immer entlang der Spree. Auf der rechten Seite

kann man noch einen Blick auf den ehemaligen Freizeitpark »Spreepark« erhaschen. Bis zum südlichen Ende des Treptower Parks, dann in die Baumschulenstraße. An der Köpenicker Landstraße links und hinter dem Britzer Verbindungskanal gleich links über die Minna-Todenhagen-Brücke.

Nach der Brücke gleich links in die Nalepastraße und durch

Im Schlosspark Köpenick lohnt sich eine Sattelpause.

Schloss Köpenick

Im eindrucksvollen Schloss der Hohenzollern ist ein Teil des Kunstgewerbemuseums untergebracht. Zu sehen sind Möbel, Kunstgegenstände und Bildteppiche aus Barock, Rokoko und Renaissance. Im Sommer finden hier zahlreiche Veranstaltungen und Konzerte statt. Öffnungszeiten Di.–So. 11–17 Uhr. Eintrittspreise: 6 Euro, ermäßigt 3 Euro.

eine kleine Einfamilienhaussiedlung. Am Fritz-König-Weg nach rechts wenden, vorbei am Umspannwerk. Über die Rummelsburger Landstraße hinweg radelt man auch schon mitten hinein in die Wuhlheide. Ein riesiges Waldgebiet mitten in Berlin.

Zu Beginn fährt man noch auf einem Waldweg. Nach 500 Metern rechts auf den Hegemeisterweg. Hinter der Treskowallee geht es dann weiter auf einem asphaltierten Weg. An dessen Ende rechts und dann gleich wieder links auf das Eichgestell. Man erreicht das 1951 eröffnete ❷ **Kinder- und Jugendfreizeitzentrum Wuhlheide (FEZ)**. Das Gelände war eine der größten Anlagen dieser Art in der DDR. Bis heute gilt es als Europas größtes Kinder-, Jugend- und Familienzentrum.

Weiter geht es auf dem Eichgestell bis zum Ende, dann rechts schwenken. Auf der Straße An der Wuhlheide fährt man links und dann weiter gerade direkt bis zur Altstadt Köpenick. Hier

ist es ratsam, das Fahrrad stehen zu lassen und die schöne Altstadt samt ❹ **Schloss Köpenick** zu Fuß zu erkunden.

Köpenick war die dritte mittelalterliche Stadt von Groß-Berlin, neben Spandau und Cölln. Auf der kleinen Insel zwischen Spree und Dahme kann man bis heute die mittelalterlichen Straßenzüge sehen. Dank der Nähe zum Wasser tummeln sich bei schönem Wetter zahlreiche Ausflügler. Empfehlenswert für eine Rast ist der Biergarten ❸ **Freiheit 15**.

Viele Häuser der Altstadt wurden in den letzten Jahren aufwendig restauriert und versprühen ein ganz besonderes Flair.

Bekannt wurde dieser Stadtteil durch den Hauptmann von Köpenick. Die wahre Geschichte handelt vom Schuster Wilhelm Voigt, der auf die schiefe Bahn geriet und im Gefängnis landete. Nach seiner Entlassung wollte er ein ehrliches Leben führen, er hatte jedoch weder Arbeit noch Wohnung. Schließlich erwarb er die alte Uniform eines Hauptmanns und stürmte mit zwölf Soldaten das ❺ **Rathaus von Köpenick**.

Insel der Jugend

Ein Besuch der Insel der Jugend am Treptower Park ist absolut empfehlenswert. Besonders im Biergarten kann man herrlich das bunte Treiben auf dem Wasser beobachten.

Er stahl die Stadtkasse und verschwand. Als nach dem Dieb gefahndet wurde, stellte sich Voigt und landete erneut im Gefängnis.

Zurück geht es über die Dammbrücke, dann rechts auf die Bahnhofstraße. Diese führt geradewegs zum ❻ **S-Bahnhof Köpenick**.

Fantastische Ausblicke in und um Köpenick

7 Entlang der Dahme

Badesachen nicht vergessen!

Schwer 30 km ↑110 m ↓110 m 3 Std.

Tourencharakter
Sehr aussichtsreiche Radtour
mit zahlreichen Möglichkeiten
zum Baden und Picknicken.
Sie verläuft größtenteils auf
unbefestigten Sand- und
Wanderwegen und ist daher
etwas anspruchsvoller.

Ausgangs-/Endpunkt
S-Bahnhof Grünau

Anfahrt
Auto: B 96a, Ausfahrt
Grünau/Schmöckwitz; A 100
Richtung Dresden, weiter auf
A 113, Ausfahrt Adlershof.
Über Wegedorn- und Rudower
Straße zum Bahnhof.
Bus/Bahn: S8, S9, S45, S46
und S85 bis S-Bahnhof Grünau.

Einkehr
Viele Möglichkeiten
entlang des Weges. Das
Restaurantschiff Strandlust
bietet nicht nur einen tollen
Blick auf den See, sondern
auch leckere Gerichte. Im
Gasthaus Müggelheim gibt
es neben deftiger deutscher
Küche auch moderne Gerichte
wie Ziegenfrischkäsesalat.

Karte
Verlag Dr. Barthel 1:35 000,
Müggelsee und Umgebung

Information
Tourismusverband Dahme-Seen
e.V., Tel. 03375/252 00,
www.dahme-seen.de

Diese Tour verbindet gleich vier Gewässer. Von der Dahme zum Langen und Seddinsee bis zur Großen Krampe. Zahlreiche Badestellen, Cafés, Biergärten und Spielplätze erwarten Radfahrer entlang der Strecke.

Am **Ⓐ S-Bahnhof Grünau** geht es los. Über die Wassersportallee Richtung Dahme und nach etwa 600 Metern nach rechts schwenken auf die Regattastraße. Sie führt an der **❶ Regattastrecke Grünau** vorbei und hat daher ihren Namen. Die Zuschauertribünen zeugen davon.

Entlang der Sportpromenade befindet sich das **❷ Strandbad Grünau**. Die erste von vielen weiteren Bademöglichkeiten auf dieser Radtour. Wenig später wird der Weg zu einem asphaltierten Radweg. Dieser führt durch den Wald und vorbei am See. Viele kleine Badestellen reihen sich hier aneinander. Der asphal-

tierte Radweg endet und man radelt weiter auf der Vetschauer Allee. Nach rund 1,5 Kilometern wendet man sich am Adlergestell nach links. Auf einem Radweg geht es Richtung Schmöckwitz.

An heißen Sommertagen lohnt sich hier eine Rast in ❸ **Winkels Eiscafé**. In dessen Garten kann man leckeres Eis essen. Es geht weiter durch den alten Ortskern, links auf die Wernsdorfer Straße und über die Schmöckwitzer Brücke. Wer möchte, kann hier nach rechts fahren zum ❹ **Strandbad Schmöckwitz** und eine Badepause einlegen. Für die Kleinen gibt es dort einen Abenteuerspielplatz.

Hinter der Brücke gleich links auf die Seddinpromenade. Hier liegt das ❺ **Restaurantschiff Strandlust** vor Anker. An der Promenade immer geradeaus auf dem unbefestigten Rad- und

Auf dieser Radtour wird man mit tollen Ausblicken belohnt.

Kuchen auf dem Schiff

Am Seddinsee liegt das Restaurantschiff Strandlust vor Anker und bietet auf einem alten Kahn Salat, Fleisch- und vor allem viele Fischgerichte. Dazu wechselnde Kuchen- und Eisspezialitäten.

Unbedingt Badesachen
einpacken, es gibt mehrere
Gelegenheiten!

Wanderweg. Weiter entlang des Oder-Spree-Kanals zur ersten Brücke. Nach der Überquerung gleich links und zurück zum See. Weiter zum kleinen Ort Gosen-Neu Zittau. Hier radelt man direkt am Wasser entlang und wird belohnt mit einem traumhaften Ausblick. Daneben fährt man hier auch direkt auf der Grenze von Berlin und Brandenburg entlang. Bis zum Ende und dann auf die Straße Eichwalder Ausbau. An der Kreuzung nach links auf die Eichwalder Straße. Nach 400 Metern halb links abbiegen auf den Fischersteig.

An der nächsten Kreuzung gibt es einen kleinen Rastplatz mit Bank und traumhaftem Ausblick. Hier rechts einbiegen. An der Köpenicker Straße nach links wenden bis zum Ende der Straße. Nun links auf Am Müggelpark und über die Brücke auf die Gosener Landstraße. Weiter geradeaus über die nächste Brücke und über den Gosener Kanal. Die Tour führt nun durch den Stadtforst Köpenick.

Vorbei am Waldfriedhof Müggelheim und in den gleichnamigen Ortsteil. Der alte Dorfanger mit typischer Dorfkirche und alten Bauernhäusern hat sich seit über 200 Jahren kaum verändert. Ein kleiner Spaziergang lohnt sich und wer mag, kann sich im urigen ❻ **Gasthaus Müggelheim** stärken.

Einmal um den alten Dorfkern herum und dann nach rechts in die Sobernheimer Straße. Am Ortsende weiter auf dem asphaltierten Weg. An der nächsten Kreuzung nach links und dann gleich wieder rechts.

Dieser Weg führt erneut zurück zur Dahme. Hier nach rechts abbiegen und entlang des Ufers von Dahme und Langem See. Auch hier gibt es zahlreiche Möglichkeiten zum Baden oder Picknicken. Kurz vor Ende gibt es auf der linken Seite noch das ❼ **Seebad Wendenschloss** für alle diejenigen, die sich ein weiteres Mal abkühlen möchten. Dahinter dann nach links abbiegen zum Möllhausenufer. Diesem folgt man bis zur Müggelbergallee, hier nach links wenden. Als krönenden Abschluss nimmt man für das letzte Stück eine **Fähre** über die Dahme. Die Tour endet wieder am ❺ **S-Bahnhof Grünau**.

Fähre F12

Die Fähre F12 der BVG verbindet den Ortsteil Wendenschloss mit Grünau. Für die Überfahrt genügt ein Kurzstreckenticket, Abos sind ebenfalls gültig. Am Wochenende verkehrt sie im 20-Minuten-Takt.

Die alte Dorfschule in Müggelheim

8 Strausberger Seen

Nichts wie raus an den See!

Leicht | 21 km | ↑70 m ↓70 m | 1:20 Std.

Tourencharakter
Aussichtsreiche Route mit Möglichkeit zum Baden und Picknicken direkt am Ufer. Eine Mischung aus asphaltierten und unbefestigten Wegen. Auch für Familien geeignet.

Ausgangs-/Endpunkt
S-Bahnhof Strausberg Nord

Anfahrt
Auto: Über die A 10 oder die B 1/B 5 von Berlin nach Strausberg.
Bus/Bahn: S5 nach S-Bahnhof Strausberg Nord.

Einkehr
In Strausberg gibt es einige schöne Cafés und Restaurants. Empfehlenswert ist der Italiener amiceria samt Biergarten. Am schönsten ist es jedoch, sich im »Jannys Eis« an der Großen Straße mit einem Eisbecher zum Mitnehmen zu versorgen und diesen dann an der See-terrasse hinter der Sparkasse zu essen. Den herrlichen Blick auf den See gibt es als Streusel obendrauf.

Karte
Verlag Dr. Barthel 1:35 000, Barnimer Feldmark

Information
Stadt- und Tourist-information Strausberg, Tel. 03341/31 10 66, www.stadt-strausberg.de

Der Sommer in Berlin ist doch immer die schönste Jahreszeit. Da passt es perfekt, wenn man eine Radtour mit einer Runde schwimmen im See verbinden kann. Entlang der Strausberger Seen lässt sich wunderbar an einer Vielzahl von Badestellen eine Rast einlegen.

Start der Radtour ist der Ⓐ **S-Bahnhof Strausberg Nord**. Vom Bahnhofsvorplatz radelt man zunächst geradeaus Richtung Straßenbahnhaltestelle. Ab hier führt ein Fußgängerweg an den Gleisen entlang. Diesem folgt man nach rechts.

Immer weiter auf der Lindenpromenade und weiter auf die Gustav-Kurtze-Straße. Am Ende an der Garzauer Straße führt schräg gegenüber ein Feldweg hinein. Wiederum am Ende kommt man auf die Berliner Straße, die einen geradewegs ins Stadtzentrum von Strausberg bringt.

Der Ausblick vom Viktoria-Plateau ist wunderbar.

Hinter der Tankstelle erst links und dann gleich wieder rechts einbiegen auf die Strausseepromenade. Der Name ist hier wahrlich Programm. Dann radelt man gemütlich direkt am See entlang.

Was am Straussee besonders schön ist, sind die zahlreichen kleinen Buchten am See, die zum Baden einladen. Die zahlreichen Bäume am Ufer bieten zudem viel Schatten.

Immer weiter geradeaus, vorbei am ❶ **Strandbad Strausberg**. Vom ❷ **Victoria-Plateau** aus hat man einen wunderbaren Ausblick auf den See und die Reste der historischen Stadtmauer von Strausberg. Ein toller Platz für eine kleine Pause.

Am Ufer der Badstraße in Strausberg gibt es zahlreiche Bademöglichkeiten.

Strausberg

Die 750 Jahre alte Stadt mit dem herrlichen, terrassenförmig angelegten Marktplatz samt Stadthaus ist einen Besuch wert. Unweit vom Marktplatz befindet sich die schöne Marienkirche, eine der wenigen Feldsteinkirchen Brandenburgs. Über die Geschichte der Stadt können sich Interessierte im Heimatmuseum (August-Bebel-Straße 33) informieren.

45

Bis ganz zum Ende radeln. Über den Fußgängerweg bei der Sparkasse gelangt man auf die Große Straße. Hier links und gleich wieder links schwenken in die bezaubernde Georg-Kurtze-Straße. Architekturfreunde finden in dieser Gegend wunderschöne restaurierte Häuser. Überhaupt ist Strausberg sehr malerisch und immer einen Besuch wert.

Strausberg von oben

Kuchenrausch

Im Café Kunze an der Großen Straße in Strausberg lässt einem die Kuchenvitrine das Wasser im Munde zusammenlaufen. Die Sammlung von Teekannen gibt dem kleinen Café ein ganz besonderes Flair.

In der Predigerstraße lohnt sich ein Abstecher zur pittoresken ❸ **St.-Marien-Kirche**. An der nächsten Kreuzung kann man einen Blick auf den Markt von Strausberg werfen. Klein, aber sehr süß. Hinter dem Rathaus kann man ebenfalls einen kleinen Schlenker zum Ufer des Straussees fahren und die ❹ **herrliche Aussicht** genießen. Man kann hier jedoch nicht am Ufer entlangradeln, daher muss man wieder zurück.

Weiter auf der Klosterstraße, am Ende links in die Wriezener Straße und dann wieder links in die Badstraße. Am Ufer gibt es hier einige größere Liegewiesen. Picknickdecke ausgepackt und rein ins kühle Nass. Die Kinder buddeln im Sand, Oma und Opa entspannen auf den mitgebrachten Klappstühlen und wenn dann noch die Sonne scheint, fehlt nicht viel zum Glücklichsein. Proviant sollte mitgebracht werden, da es hier keinen Kiosk oder Ähnliches gibt.

Es geht weiter Richtung Bötzsee. Dazu dem Uferweg bis zum Ende folgen. An der Kreuzung zur Gielsdorfer Straße links einbiegen und an dem Kreisverkehr die zweite Ausfahrt nehmen. Nach 200 Metern rechts in die Wesendahler Straße abbiegen und dieser folgen. Hinter dem Fluss Kleine Babe macht der Weg eine Kurve. Dahinter schräg rechts einbiegen.

Es geht hier durch ein schönes Waldstück. Nach 2,5 Kilometern führt schräg links ein Waldweg ab. Diesem folgt man entlang des Fängersees. An der Südspitze des Sees über den Spitzmühlenweg hinweg und weiter entlang des Bötzsees. Auch hier gibt es häufig

wilde Badestellen, die zu Picknick oder Baden einladen. Dem Weg immer geradeaus folgen. Über die Altlandsberger Chaussee hinweg auf den Postbruchweg. Bis zum Ende dann links und gleich wieder rechts fahren.

An der Bötzseestraße links einbiegen bis zur Landhausstraße. Dort links fahren und die nächste Straße rechts. Immer geradeaus bis zurück zum **🄴 S-Bahnhof Strausberg Nord**.

Alte Fachwerkhäuser prägen das Stadtbild von Strausberg.

9 An der Wuhle
Von der Quelle zur Mündung

Leicht	21 km	↑40 m ↓70 m	1:40 Std.

Tourencharakter
Die Tour verläuft fast ausschließlich abseits der Straßen und ist damit gut geeignet für Familien mit Kindern.

Ausgangs-/Endpunkt
S-Bahnhof Ahrensfelde
S-Bahnhof Köpenick

Anfahrt
Bus/Bahn: Anreise S7 bis S-Bahnhof Ahrensfelde oder NEB vom Bahnhof Ostkreuz direkt nach Ahrensfelde Friedhof. Rückreise S3 ab S-Bahnhof Köpenick.

Einkehr
Entlang der Wuhle gibt es eher wenige Einkehrmöglichkeiten, dafür viele Orte für ein gemütliches Picknick direkt am Ufer. Am Ende der Tour findet man in der Altstadt Köpenick zahlreiche Cafés und Restaurants. Das Restaurant Freiheit 15 an der Nordseite der Altstadt hat einen schönen Biergarten mit Blick auf die Müggelspree.

Karte
Verlag Rolf Bernstengel 1:17 500, Berlin-Lichtenberg/ Marzahn-Hellersdorf

Information
Touristinformation Berlin Treptow-Köpenick, Tel. 030/655 75 50/51, www.tkt-berlin.de

Von der Quelle in Ahrensfelde führt die Radtour größtenteils immer entlang der Wuhle vorbei an Marzahn, Hellersdorf, Kaulsdorf und Biesdorf bis zur Mündung in Köpenick.

Die Strecke beginnt am **S-Bahnhof Ahrensfelde**. Man nimmt den Ausgang Richtung Ahrensfelder Chaussee, denn zunächst radelt man ein wenig nach Norden zum Friedhof Ahrensfelde. Hier hat die Wuhle ihre Quelle.

Von der kleinen Straße am Bahnhof nach rechts auf die Ahrensfelder Chaussee. Hinter dem Supermarkt geht auf der linken Straßenseite ein asphaltierter Wander- und Radweg hinein. Diesem folgt man bis zum kleinen Gehrenseeteich und dann weiter nach rechts in die Ulmenallee.

An der Lindenberger Straße rechts und dann gleich wieder links einbiegen in die Bahnhofstraße. An der nächsten Kreuzung

Der Wuhletal-Radweg

Die Gärten der Welt
sind einen Besuch wert.

beginnt rechts der Wuhlesteg und damit auch der offizielle Wuhletalweg.

Immer geradeaus entlang der Wuhle. An der Dorfstraße endet der Radweg für ein kleines Stück. Hier rechts abbiegen und dann links in die Feldstraße hinein. An der Straßenbahnschleife nach links wenden und dann gleich noch einmal links auf den Gartenweg. Ab hier wird der Wuhletalweg wieder fortgeführt.

Vorbei an Kuhweiden und einem Kletterturm immer geradeaus auf die Kreuzung von Alter und Neuer Wuhle. Auf der anderen Seite ragt der ❶ **Große Ahrensfelder Berg** empor und man radelt hier genau zwischen Alter und Neuer Wuhle entlang. Immer geradeaus und über eine Brücke zum Fasanenpfuhl. Hier nach links abbiegen zur Landsberger Allee. Über selbige hinweg, auf der anderen Straßenseite nach links abbiegen und gleich hinter der Wuhle wieder nach rechts auf den Radweg.

Abermals radelt man immer geradeaus. An der Eisenacher Straße kann man einen Abstecher zu den ❷ **Gärten der Welt** machen. Sonst über die Straße hinweg und weiter auf einem gut zu befahrenden Plattenweg. Vorbei an der Seilbahn, die für die IGA 2017 errichtet wurde.

Über die Cecilienstraße und den S-Bahnhof Wuhletal hinweg. Hinter dem Bahnhof wechselt man die Uferseite und radelt an der Biesdorfer Höhe entlang. Nach der Straße Alt-Kaulsdorf nach rechts wenden, dann links auf den Möwenweg. Am Ende des Weges links einbiegen auf einen betonierten Radweg.

Im ❸ **Stadtpark Biesdorf** gibt es gleich zwei Spielplätze für alle Familien, die mal eine Pause einlegen möchten. Weiter geradeaus. Bevor der Weg auf die Dramburger Straße trifft, nach links wenden auf den offiziellen Radweg. Auf der Heesestraße wechselt man

Ahrensfelder Berge

Die Aussicht von den Ahrensfelder Bergen ist herrlich. Radler können ihre Räder unten anschließen und über die Fußwege den Hügel erklimmen.

Viel Grün zwischen den Platten-
bauten in Marzahn

erneut die Uferseite. Daher hier links und gleich wieder rechts abbiegen.

Die Radtour führt weiter gemütlich geradeaus. An der Zimmermannstraße nach rechts und dann wieder links auf die andere Wuhleseite. Vorbei am Wuhlebecken. An der Bismarcksfelder Straße links und dann gleich wieder rechts abbiegen. Dieser Streckenabschnitt führt geradewegs zum ❹ **Natur- und Abenteuerspielplatz Köpenick**. Hier lohnt sich eine Sattelpause nicht nur für Familien. Die Ponys, Schweine, Ziegen und Schafe freuen sich über jeden Besucher. An Wochenenden kann man bei der Tierversorgung und -fütterung mithelfen.

Am Ende der Straße rechts auf die Alte Kaulsdorfer Straße abbiegen und danach links auf den Bahndamm. Dann gleich wieder links unter den Gleisen hindurch und rechter Hand hinter dem Forum Köpenick entlang. Dieser Weg führt nun geradewegs zur Wuhle-Mündung in die Spree.

Einmal durch den kleinen Park, dann rechts abbiegen auf die Lindenstraße. An der Kreuzung zur Bahnhofstraße nach links schwenken und immer geradeaus zum ❺ **S-Bahnhof Köpenick**.

Gärten der Welt

Hier lässt sich Gartenkunst aus verschiedenen Epochen und Regionen eindrucksvoll erleben: Balinesisch, Orientalisch, Japanisch, Italienisch oder Englisch. Seit der IGA 2017 ist die Seilbahn auf dem Kienberg ein beliebtes Ausflugsziel. Öffnungszeiten 9–18 Uhr. Eintrittspreise Erwachsene 7 Euro, ermäßigt 3 Euro.

Strandbad Wannsee (Tour 12)

Entlang der Havel bis nach Potsdam

10 Von Heiligensee nach Potsdam

Immer entlang der Havel

| Mittel | 39 km | ↑150 m ↓150 m | 2:30 Std. |

Tourencharakter

Einfache und aussichtsreiche Tour. Gute Beschilderung und häufig auch abseits von viel befahrenen Straßen.

Ausgangs-/Endpunkt

S-Bahnhof Heiligensee
S-Bahnhof Potsdam

Anfahrt

Bus/Bahn: Anreise S25 bis S-Bahnhof Heiligensee. Rückreise S7 und Regionalverkehr ab Bahnhof Potsdam.

Einkehr

Die meisten Einkehrmöglichkeiten findet man eher in der Altstadt Spandau und in Potsdam. Entlang der Havel gibt es kaum Restaurants, dafür aber viele Rast- und Picknickplätze. Empfehlenswert ist das Brauhaus Spandau mit gemütlichem Biergarten.

Karte

Verlag grünes herz 1:35 000, Havelseen 1

Information

Touristinformation Berlin Spandau, Tel. 030/333 93 88, www. spandau-tourist-information.de

Der Havelradweg begleitet die Havel vom Ursprung in Mecklenburg-Vorpommern bis zur Mündung in Sachsen-Anhalt. Diese Etappe verläuft vom beschaulichen Heiligensee bis ins mondäne Potsdam.

Die Tour startet am **Ⓐ S-Bahnhof Heiligensee**. Hinter dem Bahnhof links abbiegen in die Hennigsdorfer Straße. Einfamilienhaus reiht sich an Einfamilienhaus. Man fährt durch **❶ Alt-Heiligensee**. Ein beschaulicher Dorfanger mit Kirche, Bauernhäusern und Kopfsteinpflaster.

Die wunderschöne Heilandskirche Sacrow

Immer geradeaus fahren. Am Ende des Dorfkerns führt die Tour auf die Havel zu. Nach etwa 1,5 Kilometern läuft rechter Hand ein Wanderweg hinein. Ab hier geht es wunderbar an der Havel entlang. Das Ufer ist recht dicht bewachsen, aber man bekommt die Havel immer wieder zu sehen.

Vorbei an zahlreichen Badestellen und Einkehrmöglichkeiten führt die Strecke weiter bis nach Konradshöhe. An der Jörisstraße verkehrt Berlins einzige ❷ **Autofähre** zwischen Tegelort und Hakenfelde. Zum Preis von 1 Euro kann man auch mit dem Fahrrad übersetzen. Ab hier kann man den Schildern nach Spandau folgen. Hinter der Fähre links auf eine Brücke über den

Potsdamer Wassertaxi

Seit 2007 ist das Potsdamer Wassertaxi auf dem Wasser im Potsdamer Stadtgebiet unterwegs. Diese Tour beinhaltet eine Überfahrt mit der Fähre (verkehrt fünfmal täglich, das letzte Mal um 17 Uhr) von der Heilandskirche Sacrow zum Schlosspark Glienicke. Die genauen Fahrzeiten und Preise online unter www.potsdamer-wassertaxi.de.

Segelboote schippern über die Havel.

Aalemannkanal und weiter auf einem gut ausgebauten Radweg. Am Fährweg rechts, links auf den Elkartweg und wieder links auf die Werderstraße. An der Goltzstraße links schwenken.

Links einbiegen an der Rauchstraße und die nächste rechts. Nach 400 Metern führt links ein Fußweg in den Maselakepark. Hier radelt man einmal durch den Park am Wasser entlang. An der großen Kreuzung nach links in die Havelschanze. Dieser Weg führt wieder zurück zu Havel.

An der Eiswerderstraße schräg rechts geradeaus fahren und immer weiter am Wasser entlang und später durch den Wröhmännerpark. Die schöne Zitadelle Spandau erscheint am Horizont.

Hinter dem ❸ **Brauhaus Spandau** über eine kleine Fußgängerbrücke und über den Hohen Steinweg geradewegs in die ❹ **Altstadt Spandau**. Hinter der Nikolaikirche links hinunter zur Havel. Auf der Sternbergpromenade immer dem Wasser nach. Am Ende der Promenade auf die Betckestraße und links in die Götelstraße radeln. Nach 500 Metern links in den Grimnitzpark und weiter auf dem Tharsanderweg. Links abbiegen auf die

Brauhaus Spandau

Im Brauhaus Spandau nördlich der Altstadt Spandau kann man im Sommer schön draußen und im Winter zwischen den Braukesseln gemütlich drinnen sitzen. Gebraut wird selbst und das Essen ist zünftig.

Pichelsdorfer Straße und schräg geradeaus über die Heerstraße hinweg nach Alt-Pichelsdorf. Auf der Bocksfeldstraße führt links ein Wanderweg hinein, der zum Ufer der Scharfen Lanke führt.

Man wendet sich nach rechts. Ab hier kann man den Schildern nach Gatow oder Kladow folgen. An der Straße am Ortsrand rechts schwenken und links auf die Gatower Straße radeln. Vorbei an der Dorfkirche in Alt-Gatow und der ❺ **Badewiese**. Kurz hinter dem alten Dorfanger führt links ein

Kopfsteinpflasterweg hinein vorbei an Obst- und Gemüsegärten einiger Bioläden. Am Ufer nach rechts wenden, vorbei am ❻ **Restaurant Havelwelle**.

Immer geradeaus am Gutspark Neukladow und der Kladower Fähre entlang. Man landet später auf dem Sakrower Kirchweg. Hier nach links abbiegen und an der Sakrower Landstraße abermals links halten. An der Fährstraße links einbiegen zum Schlosspark Sacrow und zur ❼ **Heilandskirche Sacrow** direkt am Wasser. Es ist wunderschön und eine Pause lohnt sich spätestens hier.

Man macht eine Kehrtwende und hält sich dann immer rechts am Ufer bis zur Fährstraße. Hier rechts abbiegen. Von hier verkehrt das Potsdamer Wassertaxi zum ❽ **Schloss Glienicke** auf die andere Seite.

Am Fähranleger radelt man nach rechts ein kleines Stück durch den Schlosspark Glienicke. Über die berühmte ❾ **Glienicker Brücke**, auf der die deutsch-deutsche Grenze verlief und die kinoreif dem Austausch von Agenten diente, geht es nach Potsdam. Hinter der Brücke der Berliner Straße weiter folgen. An der Friedrich-Ebert-Straße nach links abbiegen und über die Breite Straße weiter zum ❿ **Hauptbahnhof Potsdam**.

Aalemannkanal

57

11 Durch Berlin-Spandau

Von Hakenfelde nach Staaken

 Leicht   25 km   ↑60 m ↓60 m   2 Std.

Tourencharakter

Sehr abwechslungsreiche Tour durch die entlegenen Ecken von Spandau. Die Wege sind eine Mischung aus naturbelassenem Waldweg bis hin zu asphaltierten Radwegen.

Ausgangs-/Endpunkt

S-Bahnhof Spandau

Anfahrt

Auto: Über Spandauer Damm und Charlottenburger Chaussee bis zur Klosterstraße, dann rechts.
Bus/Bahn: U7, S75, S9 sowie Regionalverkehr bis/ab Bahnhof Spandau.

Einkehr

Die meisten Restaurants findet man zweifelsohne direkt in und um die Altstadt Spandau. Außerhalb des Spandauer Forsts wird man aber auch abseits der Strecke fündig. Empfehlenswert ist das Brauhaus Spandau mit gemütlichem Biergarten.

Karte

Verlag Dr. Barthel 1:35 000, Döberitzer Heide, Grunewald und Umgebung

Information

Touristinformation Berlin Spandau, Tel. 030/333 93 88, www. spandau-tourist-information.de

Zu Spandau hat ja jeder seine eigene Meinung. Jedoch zeigt es sich erst fernab der Altstadt von seiner schönsten Seite. Es gibt tolle Wohnviertel, viel Natur sowie Seen und Flüsse, so weit das Auge reicht.

Los geht es am **Ⓐ S-Bahnhof Spandau**. Zunächst Richtung Norden auf den Altstädter Ring und dann schräg rechts entlang des Mühlengrabens. An der Straße Am Juliusturm lohnt sich ein Schlenker zur **❶ Zitadelle Spandau**. Diese Festung ist wirklich einmalig und einen Besuch wert.

Wieder zurück über die Juliusturmbrücke. Kurz vor dem Kreisverkehr rechts in den Hohen Steinweg, vorbei am **❷ Kolk** und dann über eine kleine Brücke. Dahinter direkt rechts vorbei am **❸ Brauhaus Spandau**. Hier kann man bis zur Eiswerderbrücke sehr schön an der Havel entlangradeln.

Über die Eiswerderbrücke geht es auf die gleichnamige Insel. Hinter der Brücke gleich scharf rechts schwenken auf einen Fahrradweg mit wunderbarem Ausblick auf die Zitadelle. Weiter über die nächste Brücke und danach gleich links auf einen gut ausgebauten Fahrradweg direkt an der Havel.

Mit etwas Glück kann man das Schiff Moby Dick auf der Havel sehen.

Nach rund 800 Metern nach links über die Spandauer See-brücke und danach gleich wieder links Richtung Havel-spitze. Hier wird man abermals mit einem ❹ **schönen Ausblick** belohnt.

Zitadelle Spandau

Eine der besterhaltenen Festungen aus der Hochrenais-sance in ganz Europa. Sie ist umgeben von einem Was-sergraben. Im Restaurant kann man ritterlich speisen und zahlreiche Veranstaltungen locken jährlich viele Besucher an. Schön ist auch der alljährliche Weihnachtsmarkt.

Weiter am Wasser entlang und über die Klappbrücke über der Maselakebucht. Dahinter nach links wenden durch den Masela-kepark. Am Ende der Bucht nach links Richtung Havelschanze und hier rechts einbiegen auf den Askanierring. Am Fehrbelliner Tor rechts abbiegen und weiter auf die Schönwalder Allee.

Hinter der Cautiusstraße in den zweiten Feldweg links einbiegen, immer entlang der Kuhlake. Hier ist man auch schon im Spandauer Forst. Hinter dem kleinen See nach rechts zurück auf

Wildtiergehege im Spandauer Forst

die Schönwalder Allee und nach den Schienen sofort wieder links schwenken. Gleich vorne befinden sich hier **❺ Wildtiergehege** mit Wildschweinen und Rotwild. Der unbefestigte Waldweg führt hier immer entlang der Kuhlake.

Nach der kleinen Brücke nach links. Hier gibt es auch zahlreiche Rastplätze für eine Verschnaufpause. Am Ende des Weges erneut links schwenken vorbei am Hoheheideteich. Nach etwa 800 Metern führt die Tour zweimal links und ein Stück auf den asphaltierten Berliner Mauerweg.

Nach der Erinnerungsstele Klaus Schulze & Helmut Kliem herunter vom Mauerweg und nach rechts auf die Martin-Luther-Straße. Bis zum Ende und dann schräg geradeaus in die Fröbelstraße. An der Humboldtallee links auf einen kleinen

Berliner Mauerweg

Der Berliner Mauerweg führt auf 160 Kilometern entlang der ehemaligen DDR-Grenzanlagen zu West-Berlin. Die meisten Abschnitte des Rad- und Wanderweges verlaufen auf dem ehemaligen Zollweg.

Feldweg parallel zur Allee. Hinter dem Falkenhagener See rechts ein Stück den Weg hinein. Die Aussicht zwischen beiden Seen ist wunderschön.

Wieder zurück auf die Humboldtallee. Hungrige Radler können an der Spandauer Straße rechts fahren zur ❻ **Trattoria Lucania**.

Eiswerderbrücke

Sonst links abbiegen und an der Kreuzung zur Hamburger Straße nach rechts wenden. Kurz danach geht links ein Fußweg hinein. Dieser führt zur ❼ **Gedenkstätte KZ Sachsenhausen**, Außenstelle Falkensee.

Es geht einmal durch den Park, erst rechts, dann links. Vor der Königszelter Straße rechts abbiegen und dann links in den Spektepark. Nach 500 Metern rechts schwenken über einen kleinen Bach. Danach wieder rechts entlang der Spektelake. Hinter dem See wechselt man die Uferseite der Spekte.

Kurz vor der Spektebrücke nach rechts wenden auf die Straße Am Kiesteich. Immer geradeaus bis kurz vor den Kerrweg. Hier führt links ein Wanderweg hinein. Dieser verläuft entlang des Bullengrabens. An der Egelpfuhlstraße wechselt man auf die andere Uferseite und fährt weiter auf dem asphaltierten Radweg. Am Elsflether Weg nach links und geradewegs zurück zum ❺ **S-Bahnhof Spandau**.

12 Wannsee und Teltowkanal

Am Wasser entlang im Süden Berlins

Mittel   24 km   ↑130 m ↓130 m   2 Std.

Tourencharakter
Sehr aussichtsreiche Radtour
mit zahlreichen Möglichkeiten
zum Baden und Einkehren.
Die Wege wechseln zwischen
Straßen und unbefestigten
Wander- und Radwegen.
Durch die Nähe zum Wasser
fällt die Navigation sehr leicht.

Ausgangs-/Endpunkt
S-Bahnhof Wannsee

Anfahrt
Auto: A 115 Kreuz
Zehlendorf, dann weiter über
die Potsdamer Chaussee.
Bus/Bahn: S1, S7 sowie
Regionalverkehr bis Bahnhof
Wannsee.

Einkehr
Viele Möglichkeiten entlang
des Weges. Empfehlenswert
sind das Wirtshaus zur
Pfaueninsel und das Blockhaus
Nikolskoe sowie die Schützen-
Wirtin im Düppeler Forst.
Allesamt mit Biergarten und
deftiger Küche.

Karte
Verlag piekart e.K. 1:15 000,
Rund um den Wannsee

Information
Potsdam Marketing
und Service GmbH,
Tel. 0331/27 55 88 99,
www.potsdamtourismus.de

Eine Radtour von Wannsee nach Glienicke zählt wohl
zu den schönsten Ausflügen in und um Berlin. Sie bietet
herrliche Aussichten aufs Wasser sowie einige Bademöglichkeiten. Die Parkanlagen von Glienicke und Düppeler Forst tun ihr Übriges.

Start der Fahrradtour ist der Ⓐ **S-Bahnhof Wannsee**. Vom Bahnhofsgebäude am Kronprinzessinnenweg nach links schwenken.
An der Kreuzung zur Königstraße rechts abbiegen und über die
Brücke zwischen kleinem und großem Wannsee radeln. Hier
bekommt man schon mal einen Vorgeschmack auf die Aussicht
während der gesamten Tour. Nach rund 300 Metern rechts in die
Straße Am Großen Wannsee einbiegen.
Links reihen sich neue und ältere Einfamilienhäuser aneinander,
rechts folgt ein Yacht- oder Segelclub nach dem anderen. Zwi-

schen den Bäumen kann man einen wunderbaren Blick auf den
Wannsee genießen. Es geht immer geradeaus.

An der Schleuse Kleinmachnow

An der Ecke Colomierstraße lohnt sich ein Abstecher zum Museum in der ❶ **Liebermann-Villa**. Im Museumscafé samt Gartenterrasse hat man einen tollen Blick auf den Wannsee. Man folgt der Straße Am Großen Wannsee. An der Hausnummer 58 befindet sich das ❷ **Haus der Wannseekonferenz**, in der 1942 der systematische Mord an Millionen von Juden in Europa organisiert wurde. Besichtigungen der Gedenkstätte sind täglich von 10 bis 18 Uhr möglich.

Hinter dem **Haus der Wannseekonferenz** führt rechter Hand ein Weg zum Ufer des Wannsees. Am Wirtshaus Bolle dann leicht links auf die Uferpromenade radeln. Ab hier verläuft die Radtour immer am Wasser entlang. Zwischen den Bäumen bieten sich zahlreiche Möglichkeiten zum Baden oder Picknicken.

Auf der Höhe der ❸ **Pfaueninsel** nach rechts abbiegen zum Fähranleger. Eine Überfahrt zur Pfaueninsel, die Theodor

Das Lustschloss von König Friedrich Wilhelm II. auf der Pfaueninsel

Fontane »einen Blumenteppich inmitten der Mark« genannt hatte, lohnt sich auf jeden Fall.

Hinter dem Wirtshaus gleich wieder nach links fahren. Es geht erneut immer geradeaus, herrliche Ausblicke auf die Havel inklusive. Das russische ❹ **Blockhaus Nikolskoe** lohnt sich für eine Pause. Am Ende am Moorlakeweg nach rechts abbiegen.

Nach weiteren 500 Metern hat man einen wunderbaren Ausblick auf die Heilandskirche Sacrow, die am gegenüberliegenden Ufer der Havel thront. Es geht weiter entlang des Ufers durch den ❺ **Schlosspark Glienicke**. An der Königstraße hat man einen tollen Blick auf die berühmte Glienicker Brücke, auf der im Kalten Krieg Agenten zwischen Ost- und Westdeutschland ausgetauscht wurden.

Man kehrt der Brücke den Rücken und fährt ein Stück entlang der Königstraße. An der Mövenstraße nach rechts auf der

Grenze zwischen Berlin und Brandenburg. Man folgt der Straße. Links stehen zwei russisch anmutende Häuser, die irgendwie so gar nicht ins Bild passen, aber dennoch besonders sind. An der Lankestraße nach rechts wenden über die Brücke zum ❻ **Park Babelsberg mit Schloss**.

Dahinter links halten entlang des Griebnitzsees. An der Karl-Marx-Straße schräg geradeaus weiter radeln und an der Rudolf-Breitscheid-Straße nach links wenden. Kurz vor der Brücke nach links schwenken auf die Bäkestraße.

Es geht weiter geradeaus bis zur Schleuse Kleinmachnow. Hier nach links fahren auf den Stahnsdorfer Damm. Nach rund zwei Kilometern mündet er in einen Waldweg. Es geht weiter geradeaus. Hinter dem ❼ **Wirtshaus Schützen-Wirtin** macht der Weg einen Knick nach rechts. Diesem weiter folgen. An der Königstraße radelt man dann nach links zurück zum ❺ **S-Bahnhof Wannsee**.

Wer möchte, kann auf der Bismarckstraße noch einen Abstecher zum Kleist-Denkmal machen. Der mit Eiben gesäumte Weg führt zu einer wildromantischen Parkanlage und weiter geradewegs zum Grab von Heinrich von Kleist und seiner Freundin Henriette Vogel.

Liebermann-Villa

Die Liebermann-Villa, das Sommerhaus des Malers Max Liebermann, ist direkt am Wannsee gelegen und beherbergt heute ein Museum. Der schöne Garten samt Café Max laden zu einer Fahrrad-Pause ein.

Liebermann-Villa

13 Durch den Grunewald

Wasserbüffel mitten in der Stadt

Leicht | 15 km | ↑120 m ↓120 m | 1:10 Std.

Tourencharakter

Sehr leichte Radtour mit zahlreichen Möglichkeiten zum Baden und Picknicken. Aufgrund der kurzen Distanz auch gut geeignet als Feierabendtour oder für Familien mit Kindern.

Ausgangs-/Endpunkt

S-Bahnhof Stresow
S-Bahnhof Nikolassee

Anfahrt

Bus/Bahn: Anreise S5 bis S-Bahnhof Stresow. Rückreise S1 und S7 ab S-Bahnhof Nikolassee.

Einkehr

Im Grunewald gibt es zahlreiche Ausflugslokale und Restaurants. Empfehlenswert sind zum Beispiel das Seehotel Grunewald oder die Wannseeterrassen. Beide Lokale bieten gute, deutsche Küche mit traumhaftem Ausblick auf die Havel.

Karte

Verlag Pharus-Plan Rolf Bernstengel 1:17 500, Grunewald

Information

visitBerlin,
Tel. 030/25 00 23 33,
www.visitberlin.de

Diese Tour ist ein Traum bei schönem Wetter. Man radelt durch die Natur und ist doch noch mitten in Berlin. Entlang der Havel kann man sich wunderbar treiben lassen! Dazu gibt es Wasserbüffel und allerhand Einkehrmöglichkeiten.

Ausgangspunkt der Route ist der **Ⓐ S-Bahnhof Stresow**. Vom Bahnhofsgebäude geht es links in die Straße Freiheit. An der Kreuzung zur Stresowstraße erneut nach links und unter der Bahntrasse hindurchfahren. Vorbei an der Petruskirche und dann nach links schwenken in die Ruhlebener Straße. An der nächsten Kreuzung rechts abbiegen in den Tiefwerderweg. Dieser führt geradewegs zu den **❶ Tiefwerder Wiesen**.

Die Straße ist gesäumt von kleinen, alten Fischerhäusern, dazwischen kann man Boote und Yachten sehen. Die **Tiefwerder Wiesen** sind ein natürliches Überschwemmungsgebiet. Um diese Wiesen feucht zu halten, werden hier seit einigen Jahren Wasserbüffel gehalten.

Am Ende der Straße nach rechts und immer geradeaus bis auf die Heerstraße. Hier dann nach links radeln. Auf der Stößenseebrücke hat man einen traumhaften Ausblick auf den gleichnamigen See samt Yachthafen. Hinter der Brücke rechts in einen Weg hineinfahren und dann immer rechts halten, um zum Ufer des Stößensees zu kommen. Ab hier geht ein wunderbarer Fahrradweg direkt am Wasser entlang. Hier liegt auch das **❷ Restaurantschiff Alte Liebe** vor Anker.

Nach etwa zwei Kilometern rechts in die Straße am Schildhorn einbiegen. Ab hier immer geradeaus am Wasser entlang. Ein Schlenker auf die Halbinsel Schildhorn lohnt sich. Im ❸ **Seehotel Grunewald** kann man im Sommer wunderbar draußen sitzen. Immer weiter geradeaus. Man wird hier mit tollen Ausblicken auf die Havel belohnt. Es gibt auch viele Möglichkeiten, baden zu gehen. Daher Badesachen nicht vergessen!

Nach rund drei Kilometern hinter der Halbinsel Schildhorn befindet sich der ❹ **Grunewaldturm**. Hier sollte man die Fahrräder abschließen und den Karlsberg hinauflaufen. Der Blick von hier oben ist sehr schön, noch schöner wird es hoch oben auf dem Turm selbst.

Diese Tour ist hervorragend für Familien mit Kindern geeignet.

Nach weiteren fünf Kilometern kommt die ❺ **Halbinsel Schwanenwerder**. Um diese Insel ranken sich viele Mythen. Im Monopolyspiel der 1930er-Jahre war Schwanenwerder das teuerste Grundstück.

Vorbei am ❻ **Strandbad Wannsee,** links auf den Wannseebadweg abbiegen und bis zum ❼ **Biker-Treff Spinnerbrücke**. Die Tour endet am ❸ **S-Bahnhof Nikolassee**.

Seehotel Grunewald

Das Seehotel Grunewald befindet sich direkt an der Havel. Im Sommergarten kann man schön draußen sitzen, dem Treiben auf dem Wasser zuschauen und gute, deutsche Küche genießen.

14 Zehlendorfer Seenkette

Von Charlottenburg zum Wannsee

Mittel	24 km	↑130 m ↓130 m	2 Std.

Tourencharakter

Eine Tour mit viel Natur und noch mehr Seen. Abgesehen von kurzen Strecken zu Beginn verläuft diese Tour überwiegend auf Feld- und Wanderwegen. Im Sommer kann es gerade an Schlachtensee und Krummer Lanke durch viele Ausflügler etwas voll werden.

Ausgangs-/Endpunkt

S-Bahnhof Westend
S-Bahnhof Nikolassee

Anfahrt

Bus/Bahn: Anreise S41, S42, S45 und S46 nach S-Bahnhof Westend. Rückreise S1 und S7 ab S-Bahnhof Nikolassee.

Einkehr

Rund um den Lietzensee gibt es einige Einkehrmöglichkeiten. Ab Halensee sind Einkehrmöglichkeiten eher rar. Empfehlenswert ist die Fischerhütte mit Biergarten direkt am Schlachtensee sowie der berühmte Biker-Treff an der Spinnerbrücke.

Karte

Verlag Rolf Bernstengel 1:16 000, Berlin Steglitz-Zehlendorf

Information

visitBerlin,
Tel. 030/25 00 23 33,
www.visitberlin.de

Diese Radtour führt vorbei an zehn Seen zwischen Charlottenburg und Zehlendorf. Lietzensee, Halensee, Grunewaldsee, Krumme Lanke oder Schlachtensee sind nur einige davon. Dazwischen sieht man prachtvolle Villen und erlebt viel Natur im Grunewald.

Die Radtour beginnt am **Ⓐ S-Bahnhof Westend**. Am Spandauer Damm gleich rechts abbiegen in die Sophie-Charlotte-Straße. Über den Kaiserdamm hinwegfahren. Ein Stück weiter, nachdem die Straße einen Knick macht, kommt linker Hand ein Eingang in den Lietzenseepark mit zwei kleinen Steinmauern und Laternen oben drauf. Hier hineinfahren bis zum Ufer, dann nach rechts. Der **❶ Lietzensee** befindet sich in Charlottenburg und ist umgeben von schönen Altbauten. Man kann wunderbar am Ufer entlangradeln, unter der Neuen Kantstraße hindurch bis zum

An Krummer Lanke und Schlachtensee gibt es immer wieder Stellen, an denen man sich erfrischen kann.

südlichen Ende des Sees. Kurz vor der Südspitze verlässt man See und Park nach rechts auf die Dernburgstraße.

Hier nach links abbiegen. Nach 250 Metern rechts fahren in die Rönnestraße und an der nächsten Kreuzung zur Holtzendorffstraße erneut nach rechts. Um das Westkreuz zu umrunden, biegt man am Kurfürstendamm erneut rechts ab.

Am Rathenauplatz geht es rechts in die Halenseestraße und zum ❷ **Halensee**. Nach 200 Metern führt links eine kleine Straße hinein, dahinter wieder links und weiter rechts in den Halenseepark hinein. Man radelt ein Stück am Ufer entlang. An der nächsten Kreuzung dann rechts schwenken und zurück auf die Halenseestraße. Dort rechts einbiegen Richtung Rathenauplatz und weiter rechts auf die Hubertusallee radeln.

Bei so viel Natur mag man kaum glauben, dass man noch in Berlin ist.

Fischerhütte

Das historische Wirtshaus liegt direkt am Ufer des Schlachtensees. In der denkmalgeschützten alten Fischerhütte mit Biergarten werden allerhand Köstlichkeiten serviert.

Immer geradeaus. An der Kreuzung zur Warmbrunner Straße kann man sich in der ❸ **Trattoria Toscana** stärken. Ein Stück weiter führt rechter Hand ein Fußweg zum ❹ **Hubertussee**. Es geht weiter am südlichen Seeufer. Im Herbst ist es hier mit dem bunten Herbstlaub besonders schön.

Gedenkstätte Gleis 17

Man radelt unter der Unterführung hindurch und danach gleich links hoch auf die Bismarckstraße. An der Lassenstraße rechts abbiegen. An der Königsallee links und dann gleich recht in den Hasensprung. Einmal zwischen Königs- und Dianasee entlang.
Dahinter nach links wenden in die Winkler Straße bis zum Bahnhof Grunewald. Hier lohnt sich eine Pause im ❺ **Restaurant Floh** sowie ein Besuch der ❻ **Gedenkstätte Gleis 17**. An der Trabener Straße links und dann gleich rechts in die Auerbachstraße. Dort, wo die Straße rechts unter dem Bahndamm führt, radelt man geradeaus weiter auf eine Kopfsteinpflasterstraße.
Linker Hand ist dann auch schon der Hundekehlesee zu sehen. Am Ufer stehen prachtvolle Villen. Immer entlang des Sees radeln. An der Königsallee links fahren und dann rechts in einen Fußweg. Entlang des Hundekehlegrabens geht es zum Grunewaldsee. Weiter entlang des Sees. Hier gibt es ebenfalls Badestellen. Vorbei

am **❼ Jagdschloss Grunewald** und am **❽ Restaurant Paulsborn**. Am Hüttenweg schräg geradeaus auf einen Wanderweg und weiter ins Naturschutzgebiet Langes Luch.

Über die Onkel-Tom-Straße hinweg und danach gleich links schwenken in Richtung Krumme Lanke. Auf einem breiten Ufer-

weg führt die Tour vorbei an einer Reihe Badestellen. Ein Stück um den südlichen Zipfel des Sees herum führt links ein Weg vom See weg. Diesem über den Fischerhüttenweg hinaus folgen.

Entlang der Zehlendorfer Seen radelt man mitten im Grünen.

Am Restaurant Fischerhütte links schwenken und dann gleich wieder rechts einbiegen entlang des **❾ Schlachtensees**. Es geht immer am Ufer entlang. An der Südspitze links abbiegen und wieder links zur Straße Am Schlachtensee. An der nächsten Kreuzung nach rechts radeln und an der Spanischen Allee leicht geradeaus halten. Hinter den Bahngleisen links halten zum **Ⓔ S-Bahnhof Nikolassee**.

Gleis 17

Während des Zweiten Weltkrieges wurden 50 000 Juden vom Bahnhof Grunewald deportiert. Auf beiden Seiten der Gedenkstätte Gleis 17 wurden Platten verlegt, die in chronologischer Reihenfolge die Deportationen dokumentieren. Das Mahnmal wurde am 27. Januar 1998, dem Jahrestag der Befreiung von Ausschwitz, eingeweiht und ist öffentlich zugänglich.

Einer der schönsten Seen Berlins:
der Liepnitzsee (Tour 18)

Von der Panke bis zum Wandlitzsee

15 Durch den Norden Berlins

Vom beschaulichen Lübars bis Tegel

| Schwer | 19 km | ↑60 m ↓60 m | 1:50 Std. |

Tourencharakter

Eine Radtour mit viel Natur und noch mehr Seen. Abgesehen von kurzen Strecken verläuft diese Tour überwiegend auf Feld- und Wanderwegen. Daher ist sie auch ein wenig anspruchsvoller. Man hat die Wege dafür häufig für sich allein.

Ausgangs-/Endpunkt

S-Bahnhof Wilhelmsruh

Anfahrt

Auto: Von Lindauer Allee bzw. Residenzstraße kommend in die Kopenhagener Straße abbiegen.
Bus/Bahn: S1 und S85 bis/ab S-Bahnhof Wilhelmsruh.

Einkehr

Die Einkehrmöglichkeiten beschränken sich auf die Streckenabschnitte in Lübars und Alt-Wittenau. Hier sind besonders der Alte Dorfkrug in Lübars oder die Ratsschänke im Rathaus Reinickendorf zu empfehlen.

Karte

Verlag Rolf Bernstengel 1:16 000, Reinickendorf und Glienicke/Nordbahn

Information

visitBerlin,
Tel. 030/25 00 23 33,
www.visitberlin.de

Kennen Sie schon Lübars? Nein? Dann wird es Zeit, diesen beschaulichen Ort in Reinickendorf auf folgender Radtour endlich kennenzulernen. Danach geht es entlang des Tegeler Fließes und des Nordgrabens durch den Norden Berlins.

Es geht los am **Ⓐ S-Bahnhof Wilhelmsruh**, wo die Radtour später auch enden wird. Vom Bahnhofsgebäude biegt man links in die Kopenhagener Straße ein. Der Ortsteil Wilhelmsruh ist an sich schon einen Besuch wert. An der Hauptstraße geht es bereits sehr kleinbürgerlich zu mit Kiez-Bäcker, Blumenladen, Friseur und allerlei kleinen Geschäften.

An der Hertzstraße links schwenken bis zur Fontanestraße. Hier rechts abbiegen. Am Ende der Straße links einbiegen auf die Lessingstraße und nach wenigen Metern führt rechter Hand ein

Wanderweg hinein. Diesem folgen und nach 200 Metern links entlang über die Bahngleise hinweg. Danach zweimal rechts halten und weiter geradeaus fahren.

Man befindet sich hier auf dem ❶ **Berliner Mauerweg**. Dieser gut ausgebaute Radweg führt hier immer an den Bahngleisen entlang. An der Quickborner Straße macht die Route einen kleinen Knick, rechts und dann links fahren.

Es geht über Felder und Wiesen. Man kann den Blick wunderbar schweifen lassen. Der Radweg ist asphaltiert und man kann gut fahren. An der Bahnhofstraße verlässt man den Mauerweg und schwenkt nach links in Richtung ❷ **Lübars**. Wenn man um die Kurve auf die Straße Alt-Lübars einbiegt, riecht es nach Pferd und man wird mit Kopfsteinpflaster begrüßt. An dem kleinen Dorfanger stehen eine

Vorbei an Feldern und Wiesen auf dem ehemaligen Mauerstreifen.

Eisdiele Angelina

Diese kleine, unscheinbare Eisdiele in Lübars macht das beste Eis weit und breit und viele Ausflügler fahren im Sommer extra hierher. Die Schlange ist häufig sehr lang, aber es lohnt sich.

75

Reihe alter Bauernhäuser, eine Kirche und der obligatorische ❸ **Alte Dorfkrug**.

Man folgt der Straße immer geradeaus. Wo die Hauptstraße einen Knick macht, geradeaus auf die Benekendorffstraße fahren. Wer Lust auf ein Eis hat, dem sei ein Besuch der ❹ **Eisdiele Angelina** empfohlen.

Auf der Benekendorffstraße weiter geradeaus radeln. Am Büchenbronner Steig nach rechts wenden in Richtung ❺ **Hermsdorfer See**. Man kann hier links am See entlangradeln. Am Ende des Wanderweges links halten auf den Wolfacher Pfad und an der nächsten Kreuzung nach rechts abbiegen auf den Zehntwerderweg.

Hinter den Bahngleisen gleich nach rechts auf einen Wanderweg. Diesem folgt man nun entlang des Tegeler Fließes. Teilweise führt die Radtour hier auch über Holzbohlen. Nach etwa einem Kilometer macht der Weg einen kleinen Schlenker über die Mühlenfeldstraße. Gleich wieder links in den Wanderweg hinein.

Alter Dorfkrug

Am alten Dorfanger Lübars darf ein Dorfkrug nicht fehlen. In diesem historischen Restaurant werden gehobene Gerichte serviert. Im Sommer kann man im Biergarten wunderbar draußen sitzen.

Sehr gut ausgebaute Wege erwarten die Radler hier.

Weiter bis zur Egidystraße und dort links einbiegen auf die Fortsetzung des Wanderweges. Hinter dem ❻ **Wasserbüffelgehege** führt der Weg kurz auf die Mühlenfeldstraße. Nach ein paar Metern links halten, um auf dem Wanderweg zu bleiben. Weiter Richtung Waidmannsluster Damm.

Nach rechts schwenken bis zur Ziekowstraße. Hier links einbiegen. Hinter dem Nordgraben führt gleich links ein asphaltierter Wanderweg hinein. Diesem folgt man nun immer am Wasser entlang. Der Nordgraben verbindet die Panke mit dem Tegeler See. Für beide Gewässer finden Sie in diesem Buch auch separate Radtouren.

An der Gorkistraße wechselt man auf die andere Uferseite und folgt der Route ebenfalls immer geradeaus. Vorbei am schönen Rathaus Reinickendorf samt historischem Feuermelder. Ein Abstecher zum alten Dorfkern von Alt-Wittenau lohnt sich. Im ❼ **Restaurant Schupke** kann man gutbürgerlich essen.

Man radelt bis zum Ende des Weges und dann rechts zur Straße Am Nordgraben. Hier links abbiegen und hinter den Bahngleisen rechts fahren auf einen asphaltierten Fahrradweg. Dieser führt geradewegs zurück zum Ⓔ **S-Bahnhof Wilhelmsruh**.

Der idyllische Dorfanger von Lübars

77

16 Pankeradweg

Der Ursprung von Berlin

Leicht	29 km	↑60 m ↓110 m	2 Std.

Tourencharakter

Eine Tour auf gut ausgebauten Wegen, häufig asphaltiert. Alles in allem eine sehr schöne und vor allem einfache Fahrradtour. Daher auch sehr gut für Familien geeignet.

Ausgangs-/Endpunkt

S-Bahnhof Berlin Hauptbahnhof
S-Bahnhof Bernau

Anfahrt

Bus/Bahn: Anreise U55, Trambahnen (M5, M8, M10), S-Bahn (S3, S5, S9, S75) sowie Regionalverkehr bis Berlin Hauptbahnhof. Rückreise S2 oder Regionalverkehr ab S-Bahnhof Bernau.

Einkehr

Direkt entlang der Strecke gibt es nur wenige Einkehrmöglichkeiten. Wenn man sich aber etwas von der Route entfernt, findet man aufgrund der überwiegenden Innenstadtlage viele Restaurants. Schön ist das Café Luise kurz vor der Osloer Straße.

Karte

Verlag Rolf Bernstengel 1:16 000, Reinickendorf und Glienicke/Nordbahn

Information

visitBerlin,
Tel. 030/25 00 23 33,
www.visitberlin.de

Denkt man an Flüsse in Berlin, fallen den meisten eher Spree, Havel oder Landwehrkanal ein. Dabei gibt es einen schönen Fluss, der dazu auch noch mit einem wunderbaren Fahrradweg ausgestattet ist. Gemeint ist die 29 Kilometer lange Panke.

Die Tour beginnt am **A** **Hauptbahnhof**. Man verlässt ihn in nördlicher Richtung zum Europaplatz und fährt nach rechts zur Invalidenstraße. Hinter der Sandkrugbrücke führt links ein Fußweg entlang des Berlin-Spandauer Schifffahrtskanals hinein. Diesem folgen bis zum **1** **Invalidenfriedhof**. Nach etwa 100 Metern hinter dem Friedhof rechts schwenken auf die Kieler Straße und dann die nächste links auf die Scharnhorststraße. Nach dem Krankenhaus rechts einbiegen auf die Boyenstraße. Man gelangt auf die Chausseestraße. Hier führt schräg rechts ein Fußweg

unter dem Mehrfamilienhaus hindurch. Damit beginnt dann auch schon der offizielle Pankeradweg. Ab hier verläuft der gut

Das Ufer der Panke sieht immer wieder anders aus.

ausgebaute Weg fast immer direkt an der Panke entlang. An der Pankstraße muss man die Flussseite wechseln, dann weiter geradeaus.

Vor der Osloer Straße befindet sich das kleine ❷ **Café Luise** direkt am Radweg. Über die Osloer Straße hinweg und weiter entlang der Ostseite des Flusses. Nach 2,4 Kilometern endet der Weg auf der Kühnemannstraße. Hier rechts abbiegen und an der Kreuzung Willhelm-Kuhr-Straße links auf einen Wanderweg wenden. Unter der Bahntrasse hindurch und weiter

NSG Karower Teiche

Ein Abstecher lohnt sich hier. Kühe grasen gemütlich in der Sonne und von vier Aussichtsplattformen hat man eine tolle Sicht auf die Wasserflächen. Das Gebiet ist ein bedeutendes Brut- und Rastgebiet für Wasservögel. Ringelnatter und Zauneidechse können häufig beobachtet werden. Im Sommer leben über 20 Libellenarten auf und am Wasser.

Die Panke wird mehrmals überquert.

geradeaus. Vorbei am Bürgerpark bis zur Wollankstraße. Hier nach rechts schwenken und an der Breiten Straße erneut rechts. Rechter Hand befindet sich das traumhafte Rathaus Pankow. An der Ossietzkystraße nach links fahren zum ❸ **Schloss Niederschönhausen**. Im ❹ **Café Sommerlust** kann man eine Rast einlegen. An der Straße Am Schlosspark führt links ein Weg in den Schlosspark. Hier überquert man die Panke einmal und muss sich danach immer rechts halten.

Am Ende des Schlossparkes radelt man auf die Schloßallee. Nach den Bahngleisen überquert man erneut die Panke, danach gleich nach links wenden. Hier führt die Fahrradtour vorbei an Karpfenteichen sowie dem Pankebecken. Weiter geradeaus bis zur Bahnhofstraße. Dort wechselt man die Uferseite. Wenn linker Hand die Straße 73 erscheint, fährt man an der nächsten Kreuzung rechts über die Autobahnbrücke. Danach gleich links halten und weiter geradeaus. Hinter den Bahngleisen wechselt man erneut die Uferseite und radelt entlang der Westseite. Die Tour verläuft vorbei an den

Café Luise

Das Café Luise befindet sich direkt am Pankeradweg kurz vor der Osloer Straße. Im Sommer kann man gemütlich im Liegestuhl draußen sitzen und die köstlichen Kuchen genießen.

Karower Teichen. Hier ist ein Schlenker nach links ins ❺ **Natur-schutzgebiet** lohnenswert.

Es geht weiter geradeaus. Nach dem S-Bahnhof Buch rechts einbiegen und gleich wieder links in den Schlosspark Buch. Im ❻ **Restaurant Speicher im Hotel Stadtgut** kann man im Restaurant eine Pause machen. Im Schlosspark den ersten Weg nach rechts fahren. Dieser führt zurück zur Panke. Links abbiegen und entlang des Flusses radeln. Am Ende des Weges nach links fahren, über den Pölnitzweg hinweg und weiter geradeaus. Nach etwa einem Kilometer muss man nochmal die Uferseite wechseln und nach weiteren 500 Metern links abbiegen Richtung Triftstraße. Der Straße weiter folgen bis zur Straße der Jugend. Dort nach rechts wenden und nach weiteren 200 Metern links auf einen Fußweg wechseln. Diesem folgt man immer geradeaus und über die Schönerlinder Straße hinweg. An der Eisenbahnstraße links einbiegen und ein Stück weiter an den Bahngleisen entlang. An der Schönower Straße schräg rechts geradeaus halten. An der Oderstraße links und dann gleich

Schloss Niederschönhausen

wieder rechts auf die Saalestraße einbiegen. Dieser Weg führt geradewegs zurück zur Panke. Immer geradeaus radeln bis zur Weißenseer Straße, dann rechts und gleich wieder links auf den Hesselweg fahren. Nach 250 Metern zweigt links ein Fußweg ab. Diesem folgt man bis zum ❸ **S-Bahnhof Bernau**.

17 Um den Tegeler See

Badespaß und Naturfreude

Leicht 16 km ↑70 m ↓70 m 1 Std.

Tourencharakter
Sehr leichte und aussichtsreiche Fahrradtour entlang des Tegeler Sees. Viele Möglichkeiten, baden zu gehen, und daher bestens geeignet für Familien mit Kindern.

Ausgangs-/Endpunkt
S-Bahnhof Tegel

Anfahrt
Auto: Über A 111 bis zur Ausfahrt Waidmannsluster Damm/Hermsdorfer Damm. Weiter auf Waidmansluster Damm und Buddestraße. Bus/Bahn: S25 bis/ab S-Bahnhof Tegel.

Einkehr
Es gibt ein paar Einkehrmöglichkeiten direkt in Tegel oder an der Jungfernheide. Empfehlenswert sind das Café im Bienenstock mit kleinem Außenbereich oder das Fährhaus Saatwinkel mit Biergarten direkt am See.

Karte
Verlag Rolf Bernstengel 1:16 000, Reinickendorf und Glienicke/Nordbahn

Information
Tourismusverein Berlin - Reinickendorf e.V., Tel. 030/291 17 73, www.tourismusinfo-berlin.de

Die perfekte Fahrradtour für einen Badeausflug am Tegeler See. Man radelt entspannt am Ufer entlang und es gibt zahlreiche Gelegenheiten zum Abkühlen oder Einkehren in einem der Biergärten.

Man startet am **Ⓐ S-Bahnhof Tegel**. Vom Bahnhofsgebäude links halten und geradeaus in die Brunowstraße fahren. Bis zum Ende und dann nach rechts schwenken in den Eisenhammerweg. An der **❶ Dorfkirche Alt-Tegel** links einbiegen auf den Fußweg Richtung **❷ Greenwichpromenade**. Wer hier noch nicht war, der sollte erst einmal den traumhaften Blick auf den Tegeler See genießen. Außerdem tummeln sich hier Ausflügler, Hundebesitzer, Schwäne und allerhand Boote.

An der Promenade radelt man nach rechts zur Sechserbrücke, für die früher 5 Pfennig (ein Sechser) Brückenzoll zu zahlen war.

Auf Schienen an den Seiten kann man hier sein Fahrrad bequem über die Brücke schieben. Dahinter lädt das kleine ❸ **Café** zu einer ersten Pause am See ein.

Diese Tour eignet sich sehr gut für Familien mit Kindern.

Ein Stück geradeaus und dann dem Weg An der Malche folgen. Der Weg macht einen Knick und verläuft anschließend direkt am Ufer des Sees entlang. Nach etwa 600 Metern befindet sich auf der rechten Seite die ❹ **Dicke Marie**. Berlins ältester Baum steht seit 1107 hier in Tegel und wurde von den Gebrüdern Humboldt, die ganz in der Nähe wohnten, scherzhaft nach ihrer korpulenten Köchin benannt.

An der T-Kreuzung biegt man links in den Schwarzen Weg ein. Weiter geht es über einen asphaltierten Weg durch den Tegeler Forst. Es lässt sich hier wunderbar radeln. Hinter der Halbinsel Reiherwerder befindet sich rechter Hand ein ❺ **Wildtiergehege**.

Café im Bienenstock

Am Parkplatz an der Lindenallee gibt es das süße kleine Café im Bienenstock. Bei Kaffee und Kuchen kann man hier schön draußen sitzen und die Sonne genießen.

Es lohnt sich, vom Rad abzusteigen. Gegenüber dem Gehege führt die Tour weiter auf einem Feldweg am Ufer des Tegeler Sees entlang. Man kann den Blick hier wunderbar schweifen lassen. Man folgt dem schönen Uferweg und gelangt nach rund einem Kilometer wieder auf den asphaltierten Schwarzen Weg. Es geht vorbei am geschlossenen ❻ **Strandbad Tegeler See** und weiter an einer idyllischen Badestelle mit Blick auf die Insel Scharfenberg.

Am Ende des Uferweges gelangt man auf die Straße Tegelorter Ufer. An der nächsten Kreuzung biegt man nach links auf die Scharfenberger Straße und dann wieder links auf einen Uferweg.

Entlang der Havel kann man hier wunderbar radeln, tolle Ausblicke inklusive. An der Jörsstraße befindet sich Berlins einzige ❼ **Autofähre**. Mit dieser fährt man auf die andere Seite nach Hakenfelde. Das kostet 1 Euro pro Person und Fahrrad. Kurz hinter der Fähre führt links eine Rampe zu einer Brücke über den Aalemannkanal. Ab hier kann man der

Moby Dick

Wer nach der Radtour noch Zeit und Lust hat, dem sei eine Schiffstour mit dem Dampfer Moby Dick über den Tegeler See ans Herz gelegt. Von der Greenwichpromenade geht es bis nach Spandau und zurück.

Häufig kann man auf dem Tegeler See auch Regatten beobachten.

84

Beschilderung nach Spandau folgen. Immer geradeaus und nach etwa 300 Metern biegt man nach rechts ab. Am Elkartweg links schwenken bis auf die Werderstraße.

An der Kreuzung zur Goltzstraße links einbiegen, an der Rauchstraße erneut nach links und weiter über die Wasserstadtbrücke. Hinter dem Kölpinseeweg nach links auf einen Fußweg wenden und nach 150 Metern erneut nach links radeln über den Saatwinkler Steg. Bei schönem Wetter kann man hier Sportler beim Kanupolo sehen.

Hinter der Brücke links halten und an der Lindenallee wieder nach links schwenken. Am Parkplatz an der Lindenallee gibt es das süße kleine ❽ **Café im Bienenstock** mit Sommerterrasse und Buddelkasten für die Kleinen. Weiter auf der Straße Im Saatwinkel. Vorbei am Seebad Tegel radelt man hier wieder direkt am Ufer entlang. Am Ende des Uferweges gelangt man auf die Neheimer Straße. Links einbiegen und gleich wieder links auf den Borsigdamm. Nach einem kurzen Stück erreicht man dann erneut die Greenwichpromenade.

Man nimmt den gleichen Weg über Alt-Tegel, Eisenhammerweg und Brunowstraße zurück zum ❺ **S-Bahnhof Tegel**.

Die Sechserbrücke an der Greenwichpromenade

85

18 Seentour um Wandlitz

Durch den Naturpark Barnim

Schwer | **42 km** | **↑250 m ↓250 m** | **4 Std.**

Tourencharakter
Anspruchsvolle Fahrradtour überwiegend auf Feld- und Wanderwegen entlang der Seen. Dazwischen gibt es auch Strecken auf Straßen und asphaltierten Wegen. Aufgrund der Länge und der Wegbeschaffenheit eine eher schwere Tour.

Ausgangs-/Endpunkt
Bahnhof Biesenthal

Anfahrt
Auto: A 11 bis zur Ausfahrt Lanke, dann der Beschilderung nach Biesenthal folgen.
Bus/Bahn: Regionalverkehr bis Biesenthal, verkehrt stündlich ab Bernau.

Einkehr
Die Fahrradtour führt durch kleine Ortschaften mit zahlreichen Einkehrmöglichkeiten. Besonders schön ist das Seeschloss Lanke mit Sommerterrasse oder Ulis Fischhaus mit eigenem Strand und Strandkörben.

Karte
Verlag Dr. Barthel 1:35 000, Naturpark Barnim, Wandlitzer See und Umgebung

Information
Naturpark Barnim,
Tel. 033397/299 90,
www.barnim-naturpark.de

Der Liepnitzsee bei Bernau zählt zu den schönsten Seen im Norden Berlins. So darf er auf dieser Tour natürlich nicht fehlen. Daneben radelt man zum Wandlitzsee, zum Stolzenhagener See sowie zu zahlreichen kleinen Seen entlang der Strecke. Badesachen nicht vergessen!

Die Fahrradtour von See zu See startet am **Ⓐ Bahnhof Biesenthal**. Vom Bahnhof rechts abbiegen auf die Bahnhofstraße. Immer weiter geradeaus der Hauptstraße folgen. Am **❶ Schloss**

Liepnitzsee

Lanke gelangt man auf die Lanker Dorfstraße. Dort nach links radeln und an der nächsten Kreuzung rechts halten. Kurz vor dem See kann man auch rechts abbiegen und eine kleine Pause in ❷ **Ulis Fischhaus** einlegen. Das Restaurant liegt direkt am See und im Strandkorb kann man hier Kaffee oder Eisbecher genießen.

Man radelt am südlichen Ufer des Obersees entlang und immer weiter geradeaus. Unter der Autobahn hindurch und in Ützdorf weiter der Hauptstraße folgen. Am ❸ **Hotel Jägerheim** links radeln auf die Straße Am Liepnitzsee. Man fährt hier auf einem gut ausgebauten und asphaltierten Fahrradweg.

Biohof Gerstel

Im alten Dorfkern von Wandlitz befindet sich der Biohof Gerstel. Der Hofladen bietet Gemüse, Kräuter, Marmeladen, Honig und Bio-Eier, außerdem Weine, Seifen, Keramik und Selbstgenähtes.

Nach rund zwei Kilometern muss man rechts abbiegen. Diese Strecke führt entlang der ❹ **Drei Heiligen Pfühle**. Der Name der

Schloss Lanke

kleinen Seenkette ohne natürlichen Zufluss soll an ein Kloster erinnern, welches vermutlich an einem der Pfühle gestanden hat. Dieser Straße folgt man bis nach Wandlitz. An der Bogenheide links schwenken und weiter geradeaus auf die Jasminstraße. Nach 100 Metern nach links wenden auf einen Fußweg und über die Bahngleise hinweg. An der Prenzlauer Chaussee links und dann gleich wieder rechts auf die Thälmannstraße. An der nächsten Kreuzung erneut links einbiegen zum Ufer des Wandlitzsees. Hier geht es ein Stück am Ufer entlang. Im **❺ Restaurant alla Fontana** kann man mit Ausblick speisen.

Immer geradeaus und zurück auf die Thälmannstraße. An der Kreuzung zur Lanker Chaussee links fahren. Bis zur Straße am See, hier erneut links einbiegen. Nun radelt man am Ufer des **❻ Stolzenhagener Sees** entlang. Dieser Straße folgen, bis sie am Wandlitzsee mündet. Dort nach rechts schwenken. Der Straße folgen bis zur Basdorfer Straße und dann links abbiegen. Im Kreisverkehr nimmt man die dritte Ausfahrt

Seeschloss Lanke

Bei einer Radtour von See zu See darf die Einkehr ins Seeschloss Lanke nicht fehlen. Das Hotel mit Restaurant bietet eine Sommerterrasse sowie deutsche Küche mit regionalen Produkten.

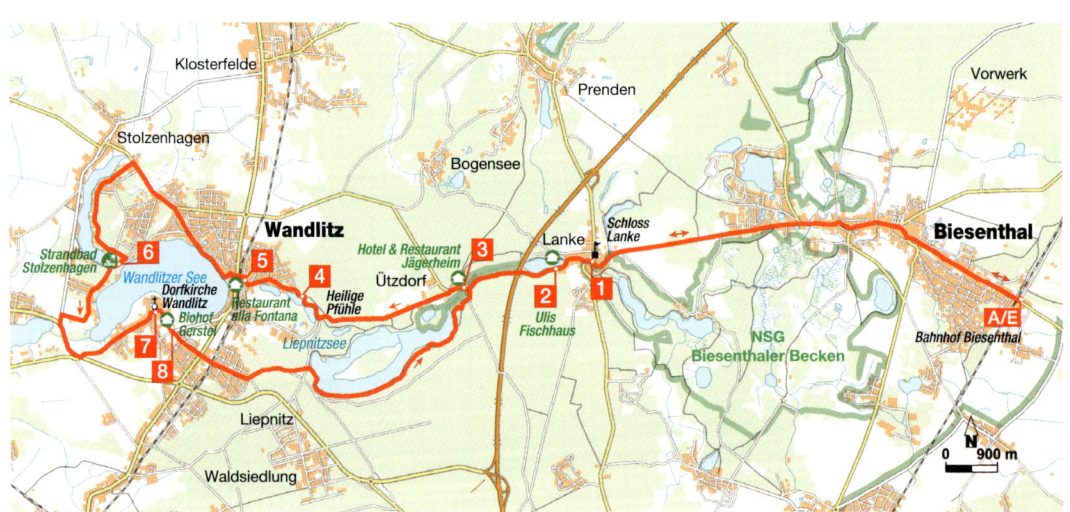

auf die Oranienburger Straße. Ab hier radelt man nun wieder zurück Richtung Wandlitz.

Das alte Dorf Wandlitz war bis 1200 n. Chr. die Heimat von slawischen Siedlern. Wandlitz bedeutet daher auch übersetzt »Menschen, die am Wasser leben«. Sehenswert sind der Dorfanger und die **❼ Dorfkirche**, an denen man auch vorbeiradelt. Weiter zum **❽ Biohof Gerstel** und über den Bahnhof Wandlitz hinweg. Am Waldhotel links auf die Straße Kehlheide abbiegen. Der Wanderweg führt geradewegs zurück zum Liepnitzsee samt Badestelle. Am Ufer nach rechts wenden. Ab hier kann man wunderbar direkt am Ufer des Sees entlangradeln. Es gibt zahlreiche Möglichkeiten, baden zu gehen oder ein Picknick zu machen.

Am Ende des Uferwegs kommt man zurück auf die Wandlitzer Straße. Dieser folgt man nun in umgekehrter Richtung als vom Hinweg, erneut vorbei am Obersee. Abstecher-Tipp: Hinter Lanke führt rechts ein Singletrailweg hinein, der einen geradewegs zum Hellsee bringt. Auch hier kann man wunderbar am Ufer entlangradeln. Kurz vor Hellmühle links abbiegen entlang des Hellmühler Fließes. Nach etwa 1,5 Kilometern gelangt man zurück auf die ursprüngliche Route. Hier rechts abbiegen und zurück zum **Ⓔ Bahnhof Biesenthal** fahren.

Wer möchte, kann diese Radtour nach Belieben ausbauen und noch weitere Seen ansteuern, so zum Beispiel den kleinen und großen Wukensee mit Badestrand kurz vor Biesenthal oder den Rahmer See, der sich westlich vom Wandlitzsee befindet.

Ein Stück entlang des Oder-Havel-Kanals

Die Halbinsel Werder ist das Ziel
von Tour 21, die dem beliebten
Havelradweg folgt.

Ins Berliner Umland

19 Potsdamer Seen

Um Templiner- und Schwielowsee

Mittel	33 km	↑140 m ↓140 m	2 Std.

Tourencharakter

Der Weg ist teilweise asphaltiert. Einige Streckenabschnitte hingegen sind geschottert oder aus festgefahrenem Waldboden.

Ausgangs-/Endpunkt

Bahnhof Potsdam

Anfahrt

Auto: A 115 bis Ausfahrt Nuthestraße folgen, auf Nuthestraße Ausfahrt Friedrich-List-Straße nehmen
Bus/Bahn: S7, Regional- und Fernverkehr bis/ab Bahnhof Potsdam.

Einkehr

In den kleinen Ortschaften entlang der Strecke sowie in Potsdam gibt es einige Restaurants. Das Haus am See ist hier besonders hervorzuheben mit seinem Biergarten mit Blick auf den See. Daneben versprüht das Strandbad Caputh Urlaubsfeeling mitten in Brandenburg.

Karte

Verlag Dr. Barthel 1:35 000, Potsdamer Havelseen, Blütenstadt Werder und Umgebung

Information

Potsdam Marketing und Service GmbH, Tel. 0331/27 55 88 99, www.potsdamtourismus.de

Potsdam ist der Ausgangspunkt für diese schöne Fahrradtour um den Templiner- und Schwielowsee. Rund um die beiden schönen Havelseen gibt es jede Menge Natur zu sehen sowie Bademöglichkeiten für zwischendurch.

Die über 30 Kilometer lange Radtour zeugt von der natürlichen und kulturellen Vielfalt der Havelregion. Bei einer Runde um die beiden Seen erwarten den Radler beeindruckende Natur- sowie Kulturerlebnisse. Am Wegesrand befinden sich nämlich die beiden **Schlösser von Petzow und Caputh**. Ausgangspunkt dieser wasserreichen Fahrradtour ist der Ⓐ **Bahnhof Potsdam**. Den Bahnhof Richtung Busbahnhof verlassen und dann nach rechts über die Lange Brücke auf die Breite Straße wechseln. Rechter Hand befindet sich das schöne Filmmuseum. Hier präsentiert sich Potsdam schon von seiner schönsten Seite.

Filmmuseum Potsdam

An der Zeppellinstraße steht auf der linken Seite ein ❶ **Dampf-maschinenhaus** im orientalischen Stil. Das sieht man auch nicht alle Tage. Links abbiegen und direkt wieder links auf die Straße Auf dem Kiewitt. Hier geht es dann immer geradeaus. Auf der linken Seite kann man schon erste Blicke auf den Templiner See werfen, aber es wird noch schöner.

Nach einer kleinen Holzbrücke über dem Schafgraben führt die Radtour direkt am Ufer entlang. Auf der rechten Seite reihen sich Villen aneinander und links kann man sich an dem traumhaften Ausblick auf den See sattsehen.

Haus am See

Der Name ist Programm. In dem Gasthaus direkt am Schwielowsee kann man wunderbar draußen sitzen und moderne deutsche Küche genießen.

Es geht immer weiter am Ufer entlang. Der Weg besteht abwechselnd aus Asphalt oder Sand. Hinter dem ❷ **kleinen Petzinsee** schwenkt man links auf die Caputher Chaussee. Hier gelangt man fast nahtlos zum Schwielowsee.

Auf der rechten Seite befindet sich der ❸ **Biergarten Baumgartenbrück**, der ideal ist für eine kleine Fahrradpause. Bei schönem Wetter kann man hier wunderbar draußen sitzen. Hinter dem Biergarten über die Brücke und am Kreisverkehr die zweite Ausfahrt nehmen Richtung Petzow. In Petzow wird man von der beeindruckenden Dorfkirche und dem ❹ **Schloss Petzow** begrüßt. Ein Rundgang durch den angrenzenden Schlosspark lohnt sich. Im nahe gelegenen ❺ **Restaurant Alte Schmiede** wird gutbürgerlich aufgetischt.

Die Tour führt weiter geradeaus auf die Fercher Straße. Hier geht es, wie der Name schon sagt, nach Ferch. Der Radweg verläuft

Sanddorn Garten Petzow

Im Restaurant wird man kulinarisch verwöhnt und im Hofladen gibt es viele Produkte aus eigener Herstellung. Dazu kann man im Garten spazieren oder auf der Terrasse entspannen.

Im Biergarten Baumgartenbrück kann man zünftig einkehren.

separat von der Straße. Das macht es sehr angenehm, hier zu radeln. Am ❻ **Japanischen Bonsaigarten** links auf den Uferweg wechseln. Für eine Rast lohnt sich ein Besuch im ❼ **Haus am See**. Auf der Sommerterrasse kann man den schönen Ausblick auf Yachthafen und See genießen.

In Ferch lohnt sich auch ein Abstecher zur ❽ **Fachwerkkirche** in der Beelitzer Straße. Die schön bemalte Holzdecke und der Kanzelaltar sind sehr besonders.

Auf der Ostseite des Schwielowsees führt die Radtour nun wieder zurück Richtung Potsdam. Hier ist es dicht bewaldet und man radelt leider direkt an der Straße.

In Caputh macht die Tour einen Schlenker zum ❾ **Seebad Caputh**. Vor den Bahngleisen führt links ein Fußweg hinein und über eine Brücke geht es direkt zum Seebad. Urlaubsfeeling pur mit Sandstrand, Bastschirmen, Liegen und Strandbar. Hier lässt es sich gut ein bisschen die Zeit vertreiben, ein Radler trinken und baden gehen.

Wieder zurück auf die Schwielowseestraße und immer geradeaus. Vorbei am ❿ **Schloss Caputh**. Das Schloss blickt auf eine 350-jährige, wechselvolle Geschichte zurück. Besichtigt werden können Fliesensaal, Kavalierzimmer, Festsaal, Wohnungen des

Segelboote ankern an der Marina in Ferch.

Kurfürstenpaares und das Porzellankabinett. Auch der Schlossgarten ist auf jeden Fall einen Besuch wert. Weiter auf der Templiner Straße Richtung Norden.

An der Kreuzung zur Leipziger Straße in Potsdam nach links wenden und immer geradeaus zum ❸ **Bahnhof Potsdam**.

20 Spreeradweg

Entlang der Spree zum Helenesee

● Mittel	72 km	↑240 m ↓230 m	4:30 Std.

Tourencharakter
Mittelschwere Fahrradtour auf überwiegend befestigten Wegen. Kein besonderes Können erforderlich.

Ausgangs-/Endpunkt
Bahnhof Erkner
Bahnhof Helenesee

Anfahrt
Bus/Bahn: Anreise S3 und Regionalverkehr bis Bahnhof Erkner. Rückreise Regionalverkehr ab Bahnhof Helenesee.

Einkehr
Die Radtour führt überwiegend durch ländliche Gebiete. In den kleineren Ortschaften entlang der Strecke gibt es hier und da auch Restaurants und Cafés. Die Waldschenke Schlaubehammer ist empfehlenswert.

Karte
KOMPASS 1:70 000, Märkische Schweiz - Berliner Urstromtal - Frankfurt/Oder

Information
Kultur- und Tourismusamt Märkische Schweiz, Tel. 033433/659 89, www.maerkischeschweiz.eu

Der Spreeradweg zählt zu den abwechslungsreichsten Radwegen in Deutschland. Auf dieser Radtour folgt man diesem von Erkner aus bis nach Neubrück. Ab da geht es weiter entlang des Oder-Spree-Kanals zum Helenesee.

Der Spreeradweg führt von der Quelle im Spreewald bis nach Berlin. Radfahrer, die den gesamten Radweg befahren, erleben eine wahrhaft abwechslungsreiche Strecke von etwa 360 Kilometern. Diese Radtour führt in umgekehrter Reihenfolge von Erkner bis nach Neubrück (Spree) und dann weiter am Oder-Spree-Kanal entlang zum Helenesee.

Los geht es am Ⓐ **Bahnhof Erkner**. In die Bahnhofstraße Richtung Supermarkt fahren und im Kreisverkehr die dritte Ausfahrt nehmen. Über den Flakenfließ und geradeaus bis zum Kreisverkehr. Diesen auf der Fürstenwalder Straße verlassen. Nach der

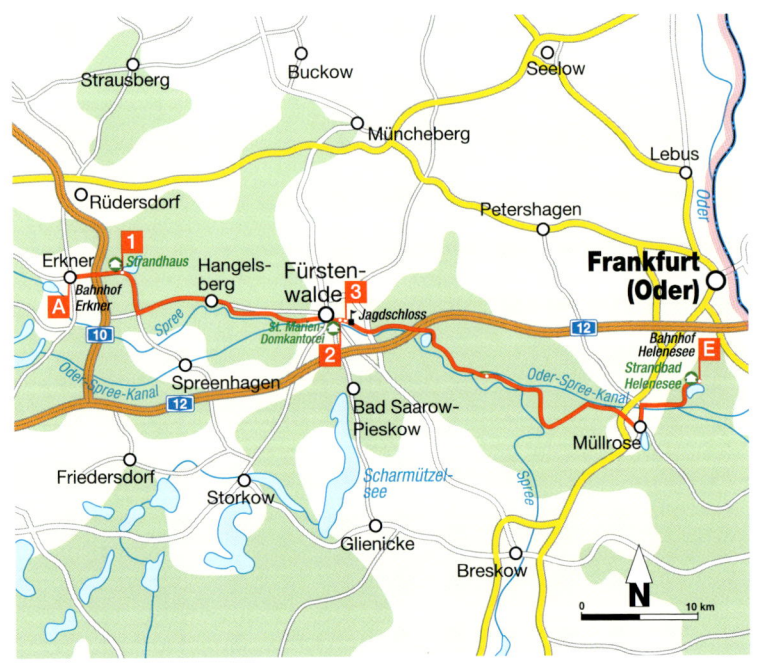

Brücke über den Oder-Spree-Kanal bei Zerpenschleuse

Überquerung der Löcknitz kann man auf die andere Straßenseite auf einen Radweg wechseln.

Im Ortsteil Fangschleuse links auf die Werlseestraße fahren. Für eine Pause sei das ❶ **Strandhaus Café** empfohlen. Man radelt hier ein Stück am See entlang. Mitten auf dem See befindet sich die kleine Liebesinsel. Über die Ernst-Thälmann-Straße hinweg und dann halb links auf einen asphaltierten Radweg. An der T-Kreuzung dem Verlauf des Radweges nach rechts folgen und immer geradeaus.

Am Kreisverkehr links auf die Berliner Landstraße wechseln. Ab

Gut Zeisigberg in Müllrose

Dank der guten Luft in und um Müllrose wurde dort eine Lungenheilstätte errichtet. Bis 1974 war sie in Betrieb. Heute beherbergt sie eine Kita, die schöne Außenfassade ist jedoch noch immer erhalten.

hier geht es immer geradeaus auf einem Fahrradweg neben der Straße. Kurz hinter Hangelsberg geht es dann endlich in den Wald hinein. Der Radweg ist hier wunderbar asphaltiert.

Weite Teile der Strecke sind asphaltiert.

Man folgt dem gut ausgebauten Weg. Nach etwa sieben Kilometern gelangt man nach Fürstenwalde. Wer etwas essen möchte, sollte das hier tun. Auf der restlichen Strecke gibt es nur sehr wenige bis keine Einkehrmöglichkeiten.

Helenesee

Badesachen nicht vergessen! Sehr gute Wasserqualität und feine Textil- und FKK-Strände verleihen dem See seinen Spitznamen »die kleine Ostsee«. Man kann baden, surfen, tauchen, schnorcheln, angeln und Volleyball spielen. Wer möchte, kann auf dem angrenzenden Campingplatz übernachten.

An der Spreepromenade nach rechts abbiegen. Hier geht es ein Stück durch den Spreeuferpark. Der Name ist Programm. Über die Eisenbahnstraße hinweg und weiter auf der Wassergasse. Für einen Abstecher lohnen sich die ❷ St. Marien-Domkantorei sowie das ❸ Jagdschloss in Fürstenwalde. Die Strecke führt nach Berkenbrück. Meistens verläuft der Radweg getrennt von der Straße. In Berkenbrück weiter geradeaus auf die Frankfurter Straße.

Nach weiteren drei Kilometern rechts abbiegen am Dehmsee vorbei. Eine Holzbrücke führt über den Oder-Spree-Kanal, dahinter links abbiegen. Vorbei an Schifffahrtsmuseum und Kersdorfer Schleuse. Ein Stück weiter führt der Radweg genau

zwischen Oder-Spree-Kanal und Spree entlang. Der Ausblick ist traumhaft.

Man folgt dem Weg weiter bis Neubrück (Spree). Hier verlässt man den offiziellen Spreeradweg. Es geht weiter nach links auf die Spreestraße. Durch Neuhaus und immer geradeaus bis nach Müllrose. Am Ende des Weges in Müllrose links schwenken auf die Beeskower Straße. Dem Straßenverlauf folgen. An der Strandpromenade links auf die Frankfurter Straße radeln.

Nach der Überquerung des Oder-Spree-Kanals rechts auf den Kaisermühler Weg einbiegen. In Schlaubehammer nach links wenden Richtung **Helenesee**.

Der See zählt zu den saubersten Seen und mit über 55 Metern ist er auch der zweittiefste See in Brandenburg. Die Wasserqualität und die kilometerweiten Sandstände verhalfen dem Helenesee zu dem Spitznamen »Kleine Ostsee«. Zurück geht es vom Ⓔ **Bahnhof Helenesee** aus.

Alternative Route: Ambitionierte Radler können auch vom S-Bahnhof Köpenick starten und so von der Mündung der Spree beginnen. Vom Bahnhof auf die Bahnhofstraße Richtung Süden wenden, links auf die Seelenbinderstraße wechseln und wieder links auf den Fürstenwalder Damm einbiegen. Ab hier dann immer geradeaus und vorbei am Müggel- und Dämmeritzsee.

Nach der Radtour kann man sich im schönen Helenesee abkühlen.

99

21 Havelradweg 1

Natur pur und schöne Aussichten

Mittel | 58 km | ↑160 m ↓160 m | 3:30 Std.

Tourencharakter
Mittelschwere Fahrradtour sowohl straßenbegleitend als auch auf asphaltierten, gut ausgebauten Fahrradwegen. Die Beschilderung zum Havel-Radweg gewährleistet eine einfache Navigation.

Ausgangs-/Endpunkt
Bahnhof Potsdam
Bahnhof Brandenburg an der Havel

Anfahrt
Bus/Bahn: Anreise S9 und Regionalverkehr bis Bahnhof Potsdam. Rückreise Regionalverkehr ab Bahnhof Brandenburg an der Havel.

Einkehr
Die Radtour führt größtenteils durch die wunderschöne, jedoch rurale Havellandschaft. In Potsdam, Werder und Brandenburg an der Havel befinden sich viele Einkehrmöglichkeiten. Dazwischen gibt es zahlreiche Picknickplätze mit teilweise tollem Ausblick auf die Havel sowie das Havelstübchen in Deetz.

Karte
Verlag Dr. Barthel 1:50 000, Havel-Radweg

Information
Tourismusverband Havelland e.V., Tel. 033237/85 90 30, www.havelland-tourismus.de

Der Havelradweg ist wohl einer der berühmtesten Radwege in Brandenburg. Dieser Streckenabschnitt führt von Potsdam zunächst entlang des Templiner Sees und der Havel bis nach Werder. Danach geht es weiter durch die wunderschöne Havellandschaft bis nach Brandenburg an der Havel.

Der Havelradweg führt auf 371 Kilometern von Ankershagen bis Gnevsdorf immer entlang der Havel. Dieser Streckenabschnitt ist die vierte Etappe und Startpunkt ist der **Ⓐ Bahnhof Potsdam**. Das Bahnhofsgebäude Richtung Friedrich-Engels-Straße verlassen und nach rechts schwenken. Über die Heinrich-Mann-Allee hinweg und weiter geradeaus auf die Leipziger Straße fahren. Nach einem Kilometer rechts abbiegen auf die Templiner Straße. Entlang eines gut ausgebauten Fahrradweges führt die Route

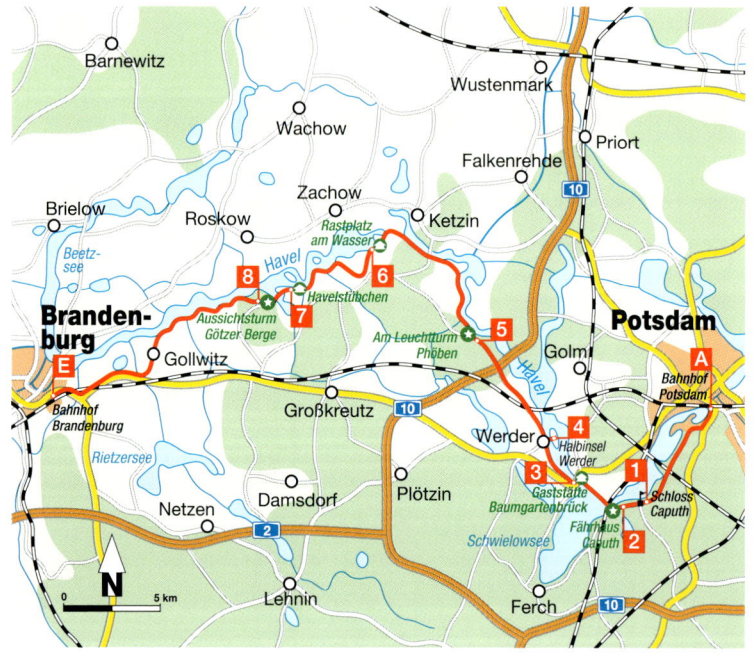

Havelradweg zwischen Liebenwalde und Krewelin

hier zunächst am Templiner See als Teil der Havel entlang. In Caputh ist ein Besuch des gleichnamigen ➊ **Schlosses** samt Schlossgarten einen Besuch wert. Hinter dem Schloss rechts auf die Straße der Einheit abbiegen.

Die Straße führt geradewegs zur kleinen Fähre (Fahrräder 1 Euro). Im ➋ **Fährhaus** kann man zünftig speisen. Fährzeiten sind von April bis November von 6 bis 22 Uhr.

Hinter der Fähre weiter geradeaus auf der Geltower Chaussee und nach dem kleinen Wentorgraben nach links wenden auf die Straße Baumgartenbrück. Kurz vor der Brücke gibt es den gemütlichen Biergarten ➌ **Baumgartenbrück**. Dann die Brücke überqueren und am Kreisverkehr die erste Ausfahrt Richtung Werder nehmen.

Übernachtung im Gut Wendgräben

Wer in Brandenburg an der Havel übernachten möchte, kann dies im traumhaften Gut Wendgräben machen. Zehn Appartements stehen zur Verfügung und im dazugehörigen Garten kann man wunderbar entspannen.

Der gut ausgebaute Radweg verläuft immer entlang der mäandrierenden Havel.

Nach rund 1,5 Kilometern nach rechts einbiegen auf die Potsdamer Straße. An der Straße Unter den Linden erneut rechts schwenken. Diese Straße führt auf die kleine ❹ **Halbinsel Werder**. Hier am besten das Fahrrad stehen lassen und über die Insel spazieren.

Danach wieder zurück und dann rechts auf die Eisenbahnstraße. An der Adolf-Damaschke-Straße nach rechts radeln. Dem Straßenverlauf folgen und an der Kreuzung zur Phöbener Straße rechts abbiegen. Hinter den Bahngleisen am Kreisverkehr die dritte Ausfahrt nehmen. Der Streckenabschnitt führt direkt nach Phöben. Am Ortseingang kann man am ❺ **Leuchtturm** bei leckerem Eis eine Pause einlegen.

Im Ort rechts abbiegen auf die Fährstraße. Hinter der Reitanlage Pappelhof Phöben nach rechts wenden auf einen asphaltierten Fahrradweg. Hier geht es immer entlang der Phöbener Havel. Auf dieser Tour kann man stets der Beschilderung des Havel-Radweges folgen (blaues Schild mit orangefarbenem Fahrrad). Man fährt direkt auf dem Deichkamm entlang.

Bei Ketzin erreicht man die Ketziner Havelinseln und man folgt dem Fluss entlang der beeindruckenden Brandenburger Osthavelniederung. Ein schöner ❻ **Rastplatz am Wasser** lädt zu einer Rast ein. An der Schmergower Havel macht die Route einen Knick nach links und schlängelt sich dann immer weiter über Wiesen und Felder. Vorbei an Schmergow und Deetz durch ein wasserreiches Stück mit Urwaldcharakter.

Mit dem ❼ **Restaurant Havelstübchen** findet sich hier das einzige Restaurant direkt an der Strecke. Man folgt immer den Schildern, weiter vorbei an den Götzer Bergen. Schön ist hier die Überquerung der historischen Drehbrücke über dem Ziegeleikanal. Vom ❽ **Aussichtsturm Götzer Berge** hat man einen tollen Panoramaausblick auf die umliegende Havellandschaft.

Immer weiter fahren bis nach Gollwitz. An der Berliner Straße rechts einbiegen, in Neuschmerzke erneut rechts halten. Hinter den Bahngleisen hat man Brandenburg an der Havel erreicht. Ein Stück geradeaus und man gelangt zum ❸ **Hauptbahnhof**, von

Havelstübchen

Dieses Ausflugslokal befindet sich direkt am Havelradweg. Bei einer Fahrradpause werden Kuchen sowie täglich wechselnde Gerichte angeboten. Der Steinbackofen zaubert Pizza oder Flammkuchen.

wo man die Rückreise antreten kann. Wer möchte, kann auch in Brandenburg an der Havel übernachten und am nächsten Tag die nächste Etappe nach Rathenow abradeln. Die Radtour dazu finden Sie auf der nächsten Seite.

Die Havel sieht entlang des Radweges immer wieder anders aus.

22 Havelradweg 2
Wo die Havel beschaulich mäandert

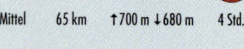

| Mittel | 65 km | ↑700 m ↓680 m | 4 Std. |

Tourencharakter
Mittelschwere Fahrradtour teilweise entlang der Landstraßen sowie straßenbegleitender Radwege.

Ausgangs-/Endpunkt
Bahnhof Brandenburg an der Havel; Bahnhof Rathenow

Anfahrt
Bus/Bahn: Anreise Regionalverkehr bis Hauptbahnhof Brandenburg an der Havel. Rückreise Regionalverkehr ab Bahnhof Rathenow.

Einkehr
Die Radtour führt größtenteils durch die wunderschöne, jedoch rurale Havellandschaft. In Brandenburg an der Havel, Premnitz und Rathenow gibt es einige Möglichkeiten zur Einkehr. Dazwischen finden sich zahlreiche Picknickplätze mit teilweise tollem Ausblick auf die Havel.

Karte
Verlag Dr. Barthel 1:50 000, Havel-Radweg

Information
Tourismusverband Havelland e.V., Tel. 033237/85 90 30, www.havelland-tourismus.de

Die fünfte Etappe des Havelradweges verläuft über 65 Kilometer zunächst durch Brandenburg an der Havel und dann einmal um den Breitlingsee. In nördlicher Richtung folgt man der Havel in Schlangenlinien über Milow bis nach Rathenow.

Vom **Ⓐ Hauptbahnhof Brandenburg an der Havel** radelt man zunächst nach links auf die Otto-Sidow-Straße. An der Wilmersdorfer Landstraße links abbiegen und dem Straßenverlauf für vier Kilometer folgen. Am **❶ Naturschutzzentrum Krugpark** rechts schwenken und kurz vor der **❷ Gaststätte Buhnenhaus** links auf den Uferweg des Sees radeln.
Entlang des Uferweges hat man nicht nur schöne Ausblicke auf den See, sondern hier und da auch immer wieder die Möglichkeit, zu baden oder zu picknicken.

Seilfähre Pritzerbe

Der Weg führt hier einmal um den See. In Kirchmöser rechts halten und um den Heiligen See fahren. Architekturfans kommen in der Grenzstraße auf ihre Kosten. Eine schöne **❸ Siedlung** aus

den 1920er-Jahren wirkt hier wie aus der Zeit gefallen. Weiter geht es entlang der Uferstraße. Hinter den Bahngleisen rechts einbiegen auf die Straße Unter den Platanen. Immer geradeaus und über die Seegartenbrücke.

Flöße und Hausboote sieht man im Sommer häufig auf der Havel.

Hinter der Brücke nach rechts schwenken entlang des Ufers zum

❹ Schloss Plaue. In schönster Lage direkt an der Havel befindet sich dieses historische Barockschloss.

Man lässt das Schloss hinter sich und radelt nach rechts über die Alte Plauer Brücke. An der Plauer Landstraße links abbiegen auf den Briester Weg. Nun geht es immer entlang des östlichen Ufers der Havel. Durch Briest mit seiner schönen Dorf-

Übernachtung in der Kirche

In dem kleinen Dorf Kirchmöser hat man die einzigartige Möglichkeit, in der alten Dorfkirche zu übernachten. Bis zu vier Personen können auf der Empore oder am Altar schlafen. Es gibt einen großen Aufenthaltsraum und eine ausgestattete Küche. Im angrenzenden Garten kann man abends ein Feuer machen. Preise ab 37 Euro/Person, Buchung über Airbnb.

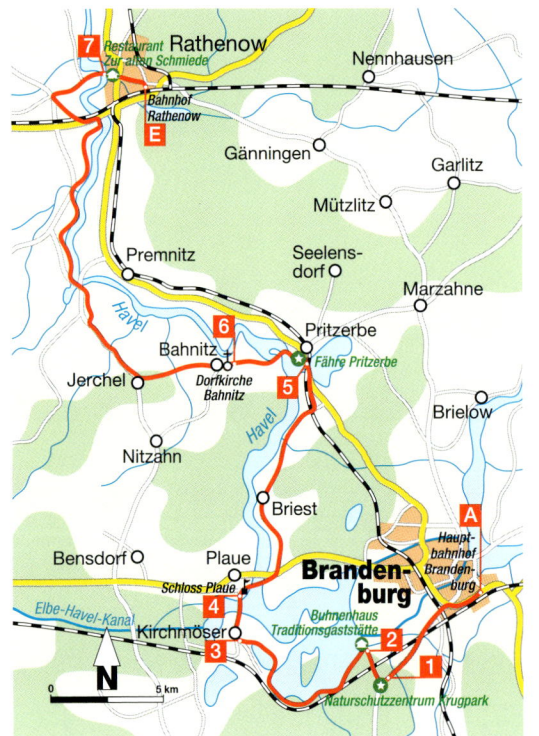

kirche und weiter nach Tieckow. Vor den Bahngleisen führt links ein Fahrradweg herein. Diesem folgen, an der August-Bebel-Straße dann rechts und hinter den Gleisen gleich wieder links.

Zur alten Schmiede

In Rathenow befindet sich direkt an der historischen Stadtmauer das Restaurant »Zur alten Schmiede«. In einzigartiger Atmosphäre kann man hier gutbürgerlich speisen.

Der Weg führt auf die Pritzerber Straße, hier nach links wenden. Nach der kleinen Brücke links halten Richtung **5 Fähre Pritzerbe**. Mit der kleinen Autofähre geht es auf die andere Seite nach Kützkow. Die Fähre verkehrt meist nach Bedarf. Ein Stück hinter der Fähre führt rechts ein betonierter Fahrradweg herein.

Dieser Weg verläuft bis Bahnitz, welches die **6 kleinste Kirche Brandenburgs** besitzt. Interessierte können dafür an der Dorfstraße rechts abbiegen. Darüber hinaus ist das Dorf auch als Künstlerdorf bekannt, welches viele Künstlerateliers beherbergt. Sonst geht es weiter geradeaus. An der Kreuzung Chausseestraße weiter geradeaus Richtung Jerchel radeln. Man kann auch auf dieser Etappe der Beschilderung des Havelradweges folgen (blaues

Schild mit orangefarbenem Fahrrad). Auf diesem Streckenabschnitt beschreibt die Havel ein idyllisches Mäanderband.

An der Märkischen Straße rechts abbiegen. Ein gut ausgebauter Fahrradweg verläuft hier neben der Straße. Immer weiter geradeaus, durch Milow mit seinem historischen Ortskern und vor der dortigen Brücke links einbiegen auf die Stremmestraße.

Im Ort Bützer rechts abbiegen auf die Havelstraße. Hier radelt man direkt am Ufer entlang. Nach etwa einem Kilometer verlässt man das Ufer für einen Schlenker. Man kann aber auch hier problemlos der guten Beschilderung folgen. Im Dorf Böhne rechts abbiegen auf die Rathenower Straße und nach etwa 500 Metern erneut rechts abbiegen.

Der Beschilderung weiter folgen. Hinter den Bahngleisen weiter auf dem Steckelsdorfer Havelweg und an dem Kreisverkehr die vierte Ausfahrt nehmen. Ab hier geht es ein Stück durch Rathenow. Im ❼ **Restaurant Zur alten Schmiede** kann man vor der Rückreise noch einmal in uriger Atmosphäre speisen. Am Platz der Einheit nach rechts wenden Richtung ⓔ **Bahnhof Rathenow**. Von hier kann man den Rückweg nach Berlin antreten.

Kaum hat man Potsdam hinter sich gelassen, wird es sehr idyllisch.

Links: Die Havel ist größtenteils sehr ursprünglich.

23 Oder-Havel-Radweg

Treidelweg am Finowkanal

| Mittel | 77 km | ↑220 m ↓260 m | 4:30 Std. |

Tourencharakter
Der Radweg ist bis auf wenige Kilometer sehr gut ausgebaut. Viele Abschnitte verlaufen auf asphaltierten Wegen. Die Wegkennzeichnung ist ein blaues Boot auf weißem Grund.

Ausgangs-/Endpunkt
Bahnhof Sachsenhausen
Bahnhof Bad Freienwalde

Anfahrt
Bus/Bahn: Anreise Regionalverkehr bis Bahnhof Sachsenhausen. Rückreise Regionalverkehr ab Bahnhof Bad Freienwalde.

Einkehr
In den größeren und kleineren Ortschaften entlang des Radweges gibt es einige Einkehrmöglichkeiten. Besonders empfehlenswert ist der Schleusengraf an der Schleuse Grafenbrück oder der Schleusenkrug in Eberswalde.

Karte
Verlag Dr. Barthel 1:50 000, Angermünde, Eberswalde, Bad Freienwalde (Oder) und Umgebung

Information
Amt für Wirtschaftsförderung und Tourismus Eberswalde, Tel. 03334/648 05, www.tourismus-eberswalde.de

Der Oder-Havel-Radweg verbindet auf über 60 Kilometern die Oder mit der Havel. Dabei durchquert der Radweg eine wunderschöne wasser- und waldreiche Landschaft. Bis zu zwölf historische und per Hand betriebene Schleusen befinden sich entlang der Route.

Üblicherweise ist der Ort Liebenwalde der Ausgangspunkt des Oder-Havel-Radweges. Für eine einfachere Anreise mit den öffentlichen Verkehrsmitteln beginnt diese Radtour am **A Bahnhof Sachsenhausen** in Oranienburg.

Vom Bahnhof rechts auf die Straße Zum Bahnhof abbiegen und am Kreisverkehr die dritte Ausfahrt nehmen. Der Straße für etwa zwei Kilometer folgen und dann rechts schwenken auf die Malzer Chaussee. An der Kreuzung zur Grabowseestraße rechts einbiegen und über die Brücke radeln. Rechter Hand befindet sich die **1 Heilstätte Grabowsee**.

Das Schiffshebewerk Niederfinow ist gigantisch.

Beschauliche Ruhe entlang des Kanals

Ein Stück hinter dem See führt links ein asphaltierter Fahrradweg hinein. Diesem folgt man vorbei an Bernöwe bis zur Berliner Chaussee. Hier nach links wenden über den Oder-Havel-Kanal. Weiter geradeaus und am Finowkanal führt der Radweg nach rechts. Der Finowkanal ist die älteste befahrbare, künstliche Wasserstraße in Deutschland. Er wurde bis 1620 erbaut und galt lange Zeit als wichtige Verkehrsverbindung in der Mark Brandenburg.

Ab hier kann man immer der Beschilderung des Oder-Havel-Radweges folgen (blaues Boot auf weißem Grund). Zwischen Finow- und Oder-Havel-Kanal geht es zunächst bis nach Zerpenschleuse. Hier ist eine Pause im ❷ **Kaffeehaus** empfehlenswert. Hinter Zerpenschleuse überquert man wieder den Oder-Havel-

Schleusengraf

Im ältesten Amtsgebäude Deutschlands kann man wunderbar eine Pause vom Radfahren einlegen. In dem schönen Biergarten werden leckere Speisen und Getränke serviert.

Kanal und radelt danach gleich links. Hier kreuzen sich Finow- und Oder-Havel-Kanal. Weiter geht es am Finowkanal entlang. Am ❸ **Restaurant Schleusengraf** an der Schleuse Grafenbrück verläuft der Radweg nach rechts und vorbei an der A 11 bis nach Finowfurt.

Man erreicht Finowfurt und überquert hier erneut den Finowkanal. Dahinter biegt man sofort rechts ab. Es geht hier direkt am Kanal entlang. Der Weg wird auch als Treidelweg bezeichnet. Das ist zurückzuführen auf die Tradition des Treidelns. Früher wurden die Kähne mittels Muskel- oder Pferdekraft am Finowkanal entlang »getreidelt«.

Man radelt hier wunderbar am Wasser entlang. Hinter der ❹ **Teufelsbrücke** in Finowfurt macht der Radweg einen kleinen Knick, erst rechts, dann wieder links abbiegen. Immer weiter geradeaus. Kurz vor Eberswalde befindet sich die alte Papier- fabrik, die bis heute von der Industriegeschichte der Stadt zeugt. Hinter dem schönen ❺ **Biergarten Schleusenkrug** im Familiengarten Eberswalde wechselt man auf die andere Uferseite. Es geht hier weiter entlang des Kanals. An der Britzer

Straße erneut auf die andere Uferseite wechseln. Einmal quer durch Eberswalde und immer weiter der Beschilderung folgen. Hinter der Schleuse Ragöse geht es auf einem gut ausgebauten Radweg durch den Wald.

Man gelangt nach Niederfinow und zum berühmten ❻ **Schiffs- hebewerk**. Hier lohnt es sich, eine Pause zu machen und für schwindelfreie Radler sei auch ein Besuch des Hebewerkes empfohlen. Die Tour führt vor dem Hebewerk rechts in die Straße Lieper Schleuse. An der gleichnamigen Schleuse wechselt man erneut auf die andere Uferseite.

Man folgt dem Weg immer geradeaus bis nach Bralitz. Ab hier verlässt man den offiziellen Radweg in Richtung Bad Freienwalde. Die Rückreise mit öffentlichen Verkehrsmitteln ist von dort besser. Alle diejenigen, die übernachten wollen, können hier weiter dem Oder-Havel-Radweg folgen.

Sonst geht es in Bralitz auf die Neue Friedhofstraße mitten durch den Wald. In Schiffsmühle überquert man die Alte Oder. Weiter geradeaus und dem Radweg folgen bis zum **E** **Bahnhof Bad Freienwalde**.

Schiffshebewerk Niederfinow

Das Schiffshebewerk wurde 1934 eröffnet und ist damit das älteste, noch arbeitende Hebewerk Deutschlands. Dieser gigantische Schiffsaufzug ist 60 Meter hoch, 94 Meter lang, 27 Meter breit. Wer Zeit hat, kann auch von Oderberg mit einem Schiff durch das Hebewerk fahren. Öffnungszeiten: März–Okt. 9:30–17:30 Uhr, Eintritt 2 Euro, ermäßigt 1 Euro.

Der Oder-Havel-Kanal ist stetiger Begleiter auf dieser Tour.

24 Durchs Löcknitztal

Auf den Spuren der letzten Eiszeit

| Mittel | 51 km | ↑210 m ↓210 m | 3:30 Std. |

Tourencharakter

Mittlere Radtour mit flachem Tourenprofil. Das macht das Radfahren sehr angenehm. Die Tour ist daher auch für Familien geeignet. Es geht meistens auf Wald- und Radwegen entlang und nur in wenigen Teilen neben der Straße.

Ausgangs-/Endpunkt

Bahnhof Erkner

Anfahrt

Bus/Bahn: S3 und Regionalverkehr bis/ab Bahnhof Erkner.

Einkehr

Die Gegend um das Löcknitztal ist sehr naturbelassen und ländlich. Abgesehen vom Ausgangspunkt Erkner gibt es nur sehr wenige Einkehrmöglichkeiten. Proviant mitzunehmen, ist daher empfehlenswert. Dafür gibt es viele schöne Picknickplätze. In Hartmannsdorf kann man in Holly's Galeriecafé einkehren.

Karte

Verlag Dr. Barthel 1:35 000, Müggelsee und Umgebung

Information

Tourist-Information der Gemeinde Grünheide (Mark), Tel. 03362/58 55 84, www.tourismus-gruenheide.de

Das Löcknitztal befindet sich in einer Schmelzwasserrinne von der letzten Eiszeit. Der namensgebende Fluss schlängelt sich hier durch das schöne Tal, welches eine einzigartige Tier- und Pflanzenwelt beheimatet. Über 400 Schmetterlingsarten sowie etwa 100 Brutvogelarten leben hier.

Die weitläufige Waldregion rund um den Berliner Ortsteil Erkner bietet zahlreiche Möglichkeiten für ausgedehnte Fahrradtouren. Diese Radtour verbindet Radwege im Osten von Erkner mit dem Spreeradweg zu einem Rundkurs.

Vom **Ⓐ Bahnhof Erkner** die S-Bahn-Brücke unterqueren und weiter bis zum Kreisverkehr am Friedensplatz. Dort nimmt man die dritte Ausfahrt in die Friedrichstraße und überquert die Brücke zwischen Dämeritzsee und Flakenfließ. Der Weg führt vor-

bei am Rathaus Erkner, welches Ende des 19. Jahrhunderts als Sommersitz des Klavierbauers Bechstein erbaut wurde.

Das Löcknitztal ist sehr naturbelassen und idyllisch.

Weiter bis zum nächsten Kreisverkehr und hier die dritte Ausfahrt auf die Fürstenwalder Straße nehmen. Man lässt Erkner hinter sich und überquert die Löcknitz. Nach der Autobahnauffahrt folgt man dem Fahrradweg neben der Landstraße weiter bis nach Grünheide. Dieser kleine Ortsteil ist idyllisch zwischen Werlsee und Peetzsee gelegen.

Im Ort wechselt man auf den Radweg auf der anderen Straßenseite und radelt entlang der Friedrich-Engels-Straße durch einen Kiefernwald weiter nach Alt Buchhorst und zum Möllensee. Man radelt hier auf dem Europa-Radweg entlang bis nach Kagel. Ein kleiner Abstecher nach Kagel lohnt sich wegen der schönen Dorfkirche und

Strauße mitten in Brandenburg

In Kagel kann man Straußen nahe kommen. Führungen Di-So 10-16 Uhr. Im Hofladen gibt es Straußenwurst sowie Handwerkliches aus Straußenleder.

der **❶ Straußenfarm**. An der Kreuzung zur Seestraße rechts abbiegen und weiter entlang des Bauern- und Liebenberger Sees. Am Ende der Kageler Straße rechts auf die Puschkinstraße radeln. Man überquert erneut die Löcknitz und fährt weiter über Kienbaum und durch einen Kiefernwald bis nach Hangelsberg.

Über 100 Vogelarten sind im Löcknitztal beheimatet.

Hier kommt man am Naturschutzgebiet Löcknitztal vorbei. Neben zahlreichen, teilweise bedrohten Tier- und Pflanzenarten, leben hier etwa 650 Schmetterlingsarten.

Man überquert die Gleise kurz vor Hangelsberg und trifft auf den Berliner Damm. Hier rechts einbiegen und weiter, bis links der Wulkower Weg kommt. Nach links wenden und weiter nach Mönchwinkel. Im Ort scharf links auf die Spreestraße abbiegen in Richtung Spreenhagen. Nach etwa einem Kilometer überquert man auf einer kleinen Holzbrücke die Spree. Auf den Bänken hier hat man eine tolle Aussicht und die Gelegenheit, eine Pause einzulegen. Danach an der T-Kreuzung rechts abbiegen und auf einem asphaltierten Radweg bequem bis nach Kirchhofen radeln.

Im Ort schräg links auf die Kirchhofener Straße radeln. Der Weg führt nach Spreenhagen, wo man auf eine T-Kreuzung trifft.

Hier biegt man nach rechts und fährt bis Neu Hartmannsdorf. Am Ortsende schwenkt man links auf die Chausseestraße. Man gelangt nach Hartmannsdorf, wo man rechts in die Lindenallee einbiegt. Hier kann man in ❷ **Hollys Galeriecafé** einkehren. Entlang der Südseite der Spree führt der Radweg ab hier

mäandrierend durch die schöne Landschaft. Dem Weg weiter folgen in Richtung Neu Zittau. Man überquert die Autobahn und wendet sich gleich danach scharf rechts, wo der Radweg für ein kurzes Stück neben der Autobahn verläuft.

Weiter über die Spree auf einer Fahrradbrücke und danach links abbiegen. Nach einem weiteren Kilometer erneut links fahren auf den Gottesbrücker Weg und hinein in den Wald. Auf einem asphaltierten Fahrradweg radelt man vorbei am ❸ **Kinderbauernhof Erkner** nach Karutzhöhe. Die kleine Ortschaft wird rasch durchquert und man radelt weiter auf der Gerhart-Hauptmann-Straße bis nach Erkner.

Am Kreisverkehr die zweite Ausfahrt auf die Friedrichstraße nehmen und nach einem weiteren Kilometer nach rechts schwenken zum ❺ **Bahnhof Erkner**. Von hier kann man die Rückreise antreten.

Dieser Steg ist sehr einladend für ein Picknick.

25 Drei-Seen-Radtour

Scharmützel-, Storkower- und Glubigsee

Mittel | 50 km | ↑220 m ↓220 m | 4:30 Std.

Tourencharakter
Eine bunte Mischung aus unbefestigten Wanderwegen, asphaltierten Radstrecken oder straßenbegleitenden Wegen. Zur Navigation kann man der Beschilderung folgen (schwarz umrandetes Quadrat mit grauem Rad im Hintergrund).

Ausgangs-/Endpunkt
Bahnhof Storkow (Mark)

Anfahrt
Auto: Ab Berlin über die B 1, A 10 und A 12 nach Storkow
Bus/Bahn: Ab Berlin Ostkreuz mit dem RB24 nach Königs Wusterhausen und weiter mit dem RB36 bis Storkow (Mark).

Einkehr
An den Seen dieser Radtour gibt es eine Vielzahl von Fischrestaurants. Schön sind das Hafenrestaurant Scharmützeleck an der Südspitze des Scharmützelsees, der Fischtopf oder das Café Dorsch in Bad Saarow.

Karte
Pietruska Verlag 1:75 000, Seenland Oder-Spree Südteil

Information
Tourismusverein Scharmützelsee e. V.,
Tel. 033679/648 40,
www.scharmuetzelsee.de

Auf dieser Radtour kommt jeder auf seine Kosten. Bei der Drei-Seen-Tour umfährt man Scharmützel-, Storkower sowie den Großen Glubigsee. Zwischendrin geht es durch das zauberhafte Bad Saarow, vor allem berühmt für seine heilende Thermalquelle.

Am **Ⓐ Bahnhof Storkow (Mark)** geht es los. Vom Bahnhofsgebäude fährt man zunächst nach rechts auf die Straße Am Bahnhof. Am Kreisverkehr weiter geradeaus auf die Burgstraße radeln.

Vorbei an der schönen **❶ Burg Storkow** und dahinter rechts schwenken. In diesem kleinen Naturreservat grasen Wasserbüffel mitten in Storkow. An der nächsten Kreuzung links halten auf die Eichendorffstraße. Dem Weg folgen bis zum Ufer des Storkower Sees. Ein kleiner Badestrand lädt zum Verweilen ein.

Dem Uferweg folgen bis zur Karl-Marx-Straße. Hier nach links Zugbrücke in Storkow
einbiegen. Immer geradeaus und vorbei am schönen Jagdschloss
Hubertushöhe. Dahinter rechts
schwenken, vorbei an den
Bahngleisen und dann links
fahren auf einen Radweg neben
der Beeskower Chaussee.

Nach vier Kilometern rechts
abbiegen Richtung Großer
Glubigsee. Ein Stück am Ufer
entlang und durch den Wald
noch für ein kurzes Intermezzo
am Springsee entlang. Dann
wieder in nördlicher Richtung

Burg Storkow

Die Burg wurde im 12. Jahrhundert erbaut und zählt zu
den ältesten Burgen Brandenburgs. Im Museum wird von
der Kulturgeschichte zwischen Oder, Dahme und Spree
erzählt. Die Führung »Öffentlicher Stuhlgang« leitet durch
die Sonderausstellung zur Geschichte der Toilette. Eintritt
4,50 Euro, Kinder bis 6 Jahre frei, ermäßigt 2/3 Euro.

entlang des westlichen Ufers des Glubigsees. Auch hier bietet sich
der Badestrand ideal für eine kleine Pause an. An der Landstraße
links abbiegen, an der nächsten Kreuzung rechts und hinter den

Auch diese Radtour lockt mit ihren herrlichen Badestellen.

Gleisen wieder links radeln. Dieser Weg führt geradewegs zum Scharmützelsee, der auch als Märkisches Meer bezeichnet wird. An der Straße Am See rechts abbiegen und dann links in die Straße Waldfrieden hineinfahren.

Dem Weg immer Richtung Norden folgen. Hinter dem Steg und Fähranleger rechts abbiegen auf den Diensdorfer Weg und dann links auf die Straße Waldfrieden. In Radlow links schwenken auf den Schulweg. Man gelangt auf die Hauptstraße. Dort nach links radeln. Nach dem Hotel-Resort Märkisches Meer links halten auf den Uferweg. Im ❷ **Café Kleine Auszeit** ist der Name Programm. An der Diensdorfer Straße links einbiegen. Am Schwarzen Weg links halten und dann rechts auf den Karl-Marx-Damm. Man gelangt ins schöne Bad Saarow. Überall begegnen einem hier extravagante Villen, in denen einst Prominente residierten. Viele wurden liebevoll restauriert. Seit über 100 Jahren kamen berühmte Persönlichkeiten zur Sommerfrische hierher, darunter große Namen wie Kurt Tucholsky, Max Schmeling und sogar Winston Churchill.

Radkuriositäten

Mitten in Storkow hat Didi Senft ein Radkuriositätenmuseum eröffnet. Über 120 Ausstellungsstücke können hier bestaunt werden. Mai–Okt., täglich von 13-17 Uhr.

Kurz vor der Saarow-Therme nach links wenden in den Kurpark. Entlang der Ludwig-Lesser-Promenade radelt man hier direkt am Scharmützelsee entlang. Traumhafte Ausblicke auf den See kann man im ❸ **Biergarten Scharmützelsee** erleben.

An der Platanenstraße links abbiegen und dann weiter links halten auf den Uferweg. An der Regattastraße lohnt sich ein Abstecher in den ❹ **alten Dorfkern von Bad Saarow**. Sonst rechts abbiegen auf die Straße Alte Eichen. Am Kreisverkehr die dritte Ausfahrt nehmen auf die Silberberger Chaussee. Am nächsten Kreisverkehr weiter auf der Silberberger Chaussee bleiben.

Man gelangt nach Wendisch Rietz. An der Dahmsdorfer Straße rechts abbiegen und der Beschilderung Richtung Dahmsdorf folgen. Architekturfans können einen Abstecher zur dortigen ❺ **Feldsteinkirche** machen. In Dahmsdorf links auf die Dorfstraße und dann weiter nach rechts auf den Storkower Weg abbiegen.

Der Weg mündet in die Reichenwalder Straße. Hier links einbiegen. Dem Weg folgen bis zum schönen Dorfkern Storkow. An

der Kummersdorfer Straße sei ein Schlenker zum ❻ **Radkuriositäten-Museum** von Didi Senft empfohlen. An der Ernst-Thälmann-Straße rechts schwenken bis zur Bahnhofallee und weiter zum ❼ **Bahnhof von Storkow**.

Bahnhof Bad Saarow

Berlin bietet zahlreiche Möglichkeiten
am Wasser entlang zu radeln. (Tour 1)

Zugabe

Ich kann es kaum glauben, aber nun ist es getan. Mein erstes Buch ist geschrieben und das fertige Manuskript geht bald in den Druck. Als ich vor zwei Jahren aus einer Laune heraus meiner besten Freundin Corinna sagte, dass ich mir vorstellen könnte, ein Buch über Fahrradtouren in Berlin zu schreiben, hätte ich nie gedacht, dass es doch so schnell Wirklichkeit wird.

Ich liebe Fahrradfahren in Berlin. Auch wenn ich in Berlin geboren bin, gibt es noch so viele Ecken, die man auch als Ur-Berliner nicht kennt. Und da ist das Fahrrad einfach das ideale Verkehrsmittel, um entlegene Orte, verfallene Häuser, Parks und allerhand Ungewöhnliches meiner Heimatstadt zu erkunden. Darüber schreibe ich ja nun schon seit einigen Jahren auf meinem Blog unterwegsinberlin.de und das Buch ist nun für mich wirklich die Krönung.

Dabei gefallen mir die Radtouren am Wasser in Berlin meistens am besten. Ich könnte noch viele weitere Radtouren empfehlen, musste mich aufgrund der Seitenzahl aber »leider« etwas zügeln.

Danke auch an Corinna und Sue, die mich auf einem Teil der hier vorgestellten Touren begleitet haben. Danke auch an Freunde und Familie, denen ich mit meinen Fahrradtouren immer in den Ohren lag. Einige konnte ich ja schon zu passionierten Radfahrern bekehren.

Ich hoffe, Ihnen gefallen die Touren in diesem Buch. Anregungen und Tipps können Sie mir gerne schreiben.

Liebe Grüße
Christine Volpert

Christine Volpert

Die Glienicker Brücke diente im Kalten Krieg dem Austausch von Agenten. (Tour 10)

Register

Am Landwehrkanal (Tour 2)

Ebenfalls erhältlich ...

ISBN 978-3-7343-1294-6

Lang ausschlafen und trotzdem die Hauptstadt erleben? Kein Problem! Dieser Fahrradführer stellt die 25 besten Halbtagestouren in Berlin und Umgebung vor.

BRUCKMANN

www.bruckmann.de

Impressum

Verantwortlich: Dr. Johannes Abdullahi
Redaktion: Anette Späth
Layout: Eva-Maria Klaffenböck
Repro: Cromika
Kartografie: Bruckmann Verlag GmbH, Heidi Schmalfuß
Herstellung: Stephanie Schlemmer
Printed in Slovenia by Florjancic

Sind Sie mit diesem Titel zufrieden? Dann würden wir uns über Ihre Weiterempfehlung freuen. Erzählen Sie es im Freundeskreis, berichten Sie Ihrem Buchhändler, oder bewerten Sie es beim Onlinekauf. Und wenn Sie Kritik, Korrekturen, Aktualisierungen haben, freuen wir uns über Ihre Nachricht an Bruckmann Verlag, Postfach 40 02 09, D-80702 München oder per E-Mail an lektorat@verlagshaus.de.

Unser komplettes Programm finden Sie unter

In diesem Buch wird aus Gründen der besseren Lesbarkeit das generische Maskulinum verwendet. Weibliche und anderweitige Geschlechteridentitäten werden dabei ausdrücklich mitgemeint, soweit es für die Aussage erforderlich ist.

Empfehlung der Redaktion
Sie sind auf der Suche nach weiterführender Literatur? Dann empfehlen wir Ihnen den Titel »Deutschlands schönste Radfernwege« von Thorsten Brönner. Oder Sie werfen einen Blick in die Zeitschrift BERGSTEIGER. Hier werden Sie bestimmt fündig.

Bildnachweis: Die Aufnahmen im Innenteil stammen von der Autorin, mit folgenden Ausnahmen: Claudia Behnke S. 122; Jochen Teufel S. 29, 30; Lienhard Schulz S. 4, 31, 41, 42, 98, 113, 114; Mr. Pommeroy S. 115; Olaf Tausch S. 87, 89, 97, 108; Pepito Sbazzegati S. 64; shutterstock/crms S. 126; shutterstock/D. Bond S. 26/27; shutterstock/LaMiaFotografia S. 52/53; shutterstock/lesart S. 79; shutterstock/ricok S. 72/73; shutterstock/rvdw images S. 20/21; shutterstock/SP-Photo 90/91; Stadtverwaltung Strausberg S. 46; Thomas Wolter S. 13, 25, 38/39, 63; Tourismusverband Scharmützelsee S. 117, 118, 119; TV Havelland e.V. S. 102, 105; visitBerlin/Arthur F. Selbach S. 125; visitBerlin/Dagmar Schwelle S. 6/7; visitBerlin/Lukas Larsson S. 120/121; visitBerlin/Philip Koschel S. 14/15; visitBerlin/visumate S. 8; Wikimedia/Agadez S. 43; Wikimedia/Andreas Praefcke S. 70; Wikimedia/Bilderbau S. 104; Wikimedia/Botaurus S. 103, 106, 107, 109, 111

Umschlagvorderseite: Die Spree auf Höhe des Reichstags (Tour 1) (mauritius images/Art Kowalsky/Alamy)
Umschlagrückseite: An der Spree bei der Lessingbrücke (visitBerlin/Lukas Larsson)

Die Deutsche Nationalbibliothek verzeichnet diese Publikation in der Deutschen Nationalbibliografie; detaillierte bibliografische Daten sind im Internet über http://dnb.d-nb.de abrufbar.

2. Auflage 2021
© 2021, 2018 Bruckmann Verlag GmbH, Infanteriestraße 11a, 80797 München

ISBN 978-3-7343-1317-2